思想觀念的帶動者

文化現象的觀察者

本土經驗的整理者

生命故事的關懷者

心靈工坊 | PsyGarden |

Holistic

探索身體，追求智性，呼喊靈性
攀向更高遠的意義與價值
是幸福，是恩典，更是內在心靈的基本需求
企求穿越回歸眞我的旅程

目次

何謂神之手？

吸引力法則為何沒有用？

很多人聽過吸引力法則。簡單的說，事物是由人的心念創造的。因此，藉由發出強烈、集中的意志，你可以創造任何你想要的結果。

每個人都有這樣的經驗，這並不稀奇。

大至瀕死獲救絕處逢生，小至我們最常用來搞得要命的停車位——的「奇蹟」。我開車時祈求停車位還常指定位置；轉進停滿車的巷子，五秒鐘後在我指定的位置，一輛車開走，剛好，賓果！恰到好處的時間點，跟我想要的一模一樣。

關於這樣的效應（人的心念可以操縱生物反應、無生物反應），不少研究者做了大量嚴謹的科學實驗獲得可觀的數據證明。

《祕密》這本書在全球轟動，大家都知道了可以向上天提出你的要求，而不費吹灰之力地獲應允，這是本世紀最大的福音。

問題是，為什麼有人得到了他想要的，有些人沒有？

為什麼就算是那些得到了的人，也不是每次都「得逞」？失敗的時候怎麼說？

你可能會以為，你的心念不夠強，不夠專一，你的信心不夠，你其實充滿懷疑。

沒錯，就是這樣。

但你不知道的是，發出心念的、在運用吸引力法則的，不只是「你所知道的你」，還包含了無數「你不知道的你」。

在你的內在，包含了許多潛藏的人格，他們在你內裡進行複雜地交叉運作，他們想的事情總是跟你不一樣，他們插手介入你的事可比你想得深多了。如果他們就是「你」，天哪！那「你」又是誰？

複雜的信念體系

外在世界發生的種種，是我們內心世界的寫照。就好像一邊是內在心靈世界，一邊是外在物質世界，兩邊互為鏡像。

我們所面對、遭遇的種種，來自於內在的創造。因此，為什麼？為什麼會發生這種事？為什麼是這樣而不是那樣？這些常常令人不爽快的理由，可以從內在找到。甚至倒過來，瞭解自己內在的運作是基於怎樣的信念，有助於利用此來創造外在的環境、機遇。

問題是這個「信念」並不是單一的東西，它由層層疊疊繁複交織的包含了各種彼此矛盾的思考脈絡、價值邏輯、情感情緒構成，像個糾結雜亂打滿死結的毛線團。

我一直想找個方法怎麼來解釋這個信念體系的複雜，以及拆解的方法，但始終覺得光是要說那毛線團是個什麼東西、怎麼回事，都不知從何說起。

直到我接觸榮格心理分析，我發現把這些玩意兒擬人化，是最好的方法，最容易瞭解，也最有真實感。

這就好像神如果不擬人化，你真不知如何面對它。（很少人有辦法能把祂當一台巨大終端機，或者牛頓定理，而能照樣跟祂進行對話和溝通，而激動萬分痛哭流涕）

矛盾的內在人格

如果你真的願意靜下心來思索，你會發現幾乎每種價值信念都存在它的反面。

我本人也會一方面理直氣壯地說「我需要錢」，一方面存有「錢不是好東西」的觀念。錢很好，但是錢很俗氣。錢能解決一切難題，但最致命的困難往往錢無法解決。誰不需要錢？但開口談錢讓人羞恥。種種對立的觀念，必須有一方獲勝，於是，我自以為很篤定地說「好了，我做出結論了，我就是要錢！」。問題是，以為替自己拉扯的價值觀做出了裁決，其實這個裁決既不真實也不穩定。

一個人宣稱自己最不在乎的事，常常就是自己最在乎的事。以為自己想要的是這個，事實上想要的卻是那個，連自己也沒有真的弄明白。

現在你假想，「你」是你此刻所認知的這個「你」，哲學上所謂「主體」的你，依照笛卡兒的說法你的思想就是你，你背了一屁股卡債，很想中樂透頭彩，決定向上天下這個訂單，可是躲在你底下，還有幾個傢伙，自命清高的、相信人一定要腳踏實地的、悲觀主義的、浪漫不食人間煙火的，總之他們跟你的想法完全不一樣，很不幸，他們也跟上天做了要求，說中樂透這點子並不妥當。

沒有誰的訂單較為優先，也不是投票決定，而是只要有人反對，這事就不太行得通。好了，你很納悶訂單為何被退回來。

如果知道是他們幾個搞的鬼，你一定很火大，但不幸，他們也是「你」。

瞭解自己是最重要的基本課題

因此，你現在可明白瞭解自己有多重要了。

我經常強調瞭解自己是最關鍵的人生課題，而人並不如自己所想的瞭解自己。我從很年輕的時候就這麼想。那是因為我從二十歲就覺得自己是個憂愁得沒救的人。十三、四歲起我發誓我不要當一個隨著群體價值起舞的人，我不要去遵從別人的期待，我一定要做一個自主的人，自己決定自己想要的生活。因為那時我還只是小孩，沒有力量和外在世界做強烈的對抗。

也大約是十三、四歲時我開始讀佛洛依德和榮格，老實說，不是很懂，但我知道了人有潛意識，明白人的心智比我們所以為的複雜、幽深，也明白從表面去解讀他人，是很荒唐的事。

人活在現實中，我的意思是，面對現實難題，每時每刻就是在解決世俗生活的需要，包括生理與心理，大部分人不滿足、不快樂，都放在眼前最直接、最近的現實困境，諸如生活條件、生活品質不符合期待，人際關係不理想，健康、戀愛問題。但每每我說永遠最核心的問題其實只有一個，就是自我實現不良、自我價值不完滿，大家都覺得這是唱高調。

一點都不唱高調，這才是真相，你要的事情還不簡單嗎？很務實的、很世俗的就是心想事成，然而不瞭解自己，根本沒有心想事成這回事。

如何探索潛在人格

以榮格的說法，「自我」是主觀意識人格，在「自我」底下有「自我」不知道的的潛意識，繼續往下越走越深，會通達「本我」（或說「內我」或「全我」），那是內在核心，也是「完整」的「我」。

潛意識裡有來自原型和情結的「次人格」。另外還有被「自我」排除壓制的「陰影人格」，和適應社會用的「面具人格」。

原型來自集體潛意識，是超越性的人格，情結則是來自成長生活經驗，成為特殊的情感、情緒性因應。

總的來說，「次人格」的源頭從內在最深處不受時空限制的部分，一直到「自我」成長過程被壓制和刻意隱藏、疏漠的部分都有。這些人格有時會被自然激化出來，不是以人為控制的方式，常令「自我」感到意外。

分析「次人格」的方法，榮格歸納出詞語聯想、積極想像、解夢等技巧，榮格認為通過這些可讓人達成心靈的完美和諧，也就是「自我」和「本我」建立了整合。

這就是榮格說的心靈的曼陀羅圖形。

達到這個境界，人就找到了自己的道路，安穩走在天命上，人就真的可以破解命運所有束縛，無所不能。

心理分析有各種專業技巧，光是榮格學派就為數眾多，各持不同的理論和方法，以心靈的複雜程度，我也絕不會說世上存有某個訣竅能簡單地把它解剖。我借用榮格的說法，讓大家能用心理學角度去接受「次人格」的存在。事實上，榮格是替心靈人物找了一個心理學上的他們為何形成、為何存在的解釋。

但我們未必當真要來進行榮格心理分析，重點是，探索內在是很有意思、也必須去做的事，因此重要的是如何對這件事有概念，展開這個工作。

不過在本書裡我會大量談到「自我」與「本我」這兩個名詞以及這兩個相互作用的概念，從一般心理分析的角度，「自我」是最表層的有自覺意識的「我」的「自我」認知，「本我」是潛意識深層裡被「自我」壓制的層面，榮格則提出「本我」容納了更多文化的集體記憶，因此其包藏的意識範圍較「自我」更多。而從超心理學、神祕學、性靈學的的角度，從「自我」往潛意識深處無限延伸到最遠的地方，「本我」容納了全宇宙的意識，換言之，任何「自我」都可以與小程度的「他自己」的

「本我」相通，也可以與全人類的「本我」相通，並且超越時間的範疇。

因此「本我」能帶給「自我」「自我」未知的智慧與能力。

為何選擇塔羅牌結構為工具

我出身基督教家庭（不虔誠的），有一段時間我很認真研讀基督教的教義、神學典籍和論述，老實說我本人很少參與教會的敬拜或其他活動，但花了一些時間研究其儀式，和教育過程。

後來有一段時間我則對諾斯底教派頗有興趣。學習塔羅牌就跟前述很多事的發生一樣，有其機緣。在這期間，看了很多不同流派的新世紀學說觀點，找出當中的共通性。

這段時間裡，我有很多不可思議的經驗，也覺悟到這並不是什麼太奇怪的事（我的意思是，我相信每個人都有），回頭去看，類似看見異象、聲音的訊息、預知這類體驗，一直都存在，只是不曾被留意。

更不要說「有意義的巧合」這種事，多到讓人懶得去數，真的去留心的話，驚人的巧合，高度明顯的象徵，天天都在發生，時時都在發生。基本上，沒有不具意義的事物。

算牌這件事很有趣，它很「準」，因此問題就來了，是否命運是被注定的？沒有的話，何來預知？何來「準」？

但命運是被「寫好」的話，還算什麼算？它根本不能違抗。

那麼命運既是被「寫好」，又可以「改變」，這不又矛盾了？其邏輯是什麼？

我個人感到最驚訝的是，所有篤信命運既定的人，當被我問及，既然命運是被「事先寫好」的，請問你認為那是「誰」幹的？沒人答得出來。

命運若被「事先寫好」，是被「誰」寫好？命運可以違抗的話，到底是誰跟誰的角力，誰跟誰的戰爭？

人跟神嗎？

這場戰爭怎麼打？

因為替人算牌的關係，體認到運用心理分析的需要，我又開始重新研究榮格的學說。

這使我發現兩者可以相互為工具。

運用塔羅牌的原型人物

按照榮格的說法原型來自於集體潛意識，其理論是記憶的遺傳。但心靈其實是不在時間空間的概念統轄內的，心靈的源頭不只與無限空間相通達，也與無限時間相通達。

因此，原型人物是所有人類彼此共有，也是彼此心靈共同的成分。塔羅牌的Major Arcana的二十二張牌代表人的生命之旅中不同階段的心靈狀態，以及命運遭遇的模式（Minor Arcana演繹的則是世俗世界生命遭遇的細節，因此不在這本書的範疇裡），我發現這二十二種人格、狀態、機制，可以說完美地管控著內在與外在的交流。

一開始我用這二十二個原型來作為內在人物的原型範本，只當作內在人格典型來看，我相信這些人物與狀態是每個人內心都有的成分。但後來我逐漸訝異地發現他們在每個人的內在極其神祕、壯觀、華麗、衝突但又和諧、強而有力又豐富完整地操作著人的生命旅程。

你同時擁有這些所有的內在人物，他們只屬於你，他們就是你，有些內在人物在某段時間裡可能很活躍，而之後可能較沉寂，或被別的人物取代重要性，有些人物則

Minor Arcana的五十六張牌則是呈現現世生活的細節，在占卜上它更能指出當事人面臨的情境、事件、人物包含的細微、精確線索，高明的牌師能透過Minor Arcana指出當事人內心所指的人（已知或未知、已出現或未來才出現）的相貌、服裝、身家背景，以及相關連人物的互動細密的關係。這五十六張牌後來演變成大家熟知的撲克牌。

關於其他的內在人格

這本書我談兩件事，一是面對內在人格，一是生命之旅的過程，我借用Major Arcana結合兩者。這二十二個內在人格是呈現人的生命旅程的運作，他們非常獨特，可以說，如果生命旅程是「自我」脫離「本我」的冒險，然後重新與「本我」融合，使得「自我」和「本我」因共同的經驗而成長的過程，而這過程「自我」需要「本我」的指引，才能發揮最大的能力，進行最大的創造，那麼這二十二個內在人格可說是「本我」的延伸，溝通「自我」和「本我」的橋樑，「本我」派遣給「自我」的協助者。

因此在這本書裡當我提到「內在人物」，指的就是這二十二個特殊人物，被我稱為「神之手」，他們就像由「本我」派遣，掌管運作「自我」的內在信念體系如何運作在現實中顯化，以及這個過程裡「自我」和內在間的互動影響，如何讓「本我」指引與協助「自我」，並讓「自我」於現實中的生命創造來增益「本我」。

當然在「自我」底下還有其他的屬於「自我」自己創造出來的潛意識人格，那是根據「自我」在現實生活中的經驗，也包括現實經驗和更深層的非現世經驗的互動影響，這些不在本書討論範圍。如果我們要再討論關於更多心理學、社會化層面的問題，從別的角度還有更多的精微的內在人格的典型。特別是負面的內在人格，他們往往有驚人的威力，失控地影響「自我」的行為。不過那不在本書討論範圍。且這個層面上並非每個人的內在人格都一樣，每個人擁有屬於他自己獨特的內在人格，包羅萬象。

我自己就找出了許多我的內在人格，給他們取了名字，觀察他們被激化的情形，建立對他們浮出台前的敏感度。好比說有一個人格，我很小的時候就發現她，她非常有威力，小時我誤以為每個人的內在都有這麼樣一個人格，直到我十八歲的時候問我的同學，發現她沒有，還讓我吃了一驚。稍後我會談我和她接觸的經驗。

與內在人物接觸

這本書裡我談到不少我自己的經驗。我個人的經驗和遭遇並沒什麼好值得一提的地方，也不是因為我覺得這能提供讀者什麼益處，而是寫這本書我需要舉一些實際的例子好幫助讀者瞭解。發生在我自己身上的例子當然是最方便利用的，一來我並不方便用別人的例子，二來我自己的經驗我可以陳述得最清楚無誤。

此外，我談到和內在人物接觸，這件事你可以視為一種理性地想像，但也可以認真把它當作神祕體驗。

認為大腦的作用就是我們思想、認知的全部的人，可能無法相信我們的內在擁有超過我們的智識、經驗、能力的存在，但這種想法很無知，能呈現這樣的現象的實例還不少。不過，花力氣去說服你我並不覺得有必要，全看你想不想抱著好奇心去挖掘，你的內在存有超凡的智慧與力量供你利用的可能。

你會經由冥思、夢境，或者很簡單的思索、觀察，敏銳一點的警覺，得到訊息，也可以試試看真的和內在人物做接觸。

我現在要談我和我的內在人物「卡莉」遭遇的經驗。會取名「卡莉」，顧名思義她掌管憤怒、仇恨、報復、殘酷。「卡莉」的出現總是帶來一種讓我胸口灼熱、難以呼吸的感覺，但我曾有一次遭遇她的異象經驗。

有一天我睡前時想和我的內在女祭司對話，那段時間我處在心情難以平靜，常被憤怒、憎恨之情所困的狀態，因此我希望從內在女祭司那裡得到深沉的安詳與智慧，但沒有成功，睡夢中她也沒有出現。早上醒來，我正沮喪沒能和內在女祭司接觸上，突然間一股很強烈的力量衝上來，彷彿火山爆發，岩漿噴出，灌進我的胸口裡面，把我整個人噴射到宇宙的感覺，我甚至被撞擊得頭暈眼花。我躲在棉被底下，棉被膨脹飄飛起來籠罩著我，好像一個帳棚般，底下是一片火焰融岩之海，彷彿空氣都被燒成紅色，發出金色光的岩漿在四面八方緩緩流動。

這個視象持續了一會兒，我才明白剛才是「卡莉」展現了她的威力。

關於探索內在人物的說明

每一章在開頭我會先解釋這一章所提及的Major Arcana所代表的人物在生命歷程意味什麼，他會指出人在這個階段的生命狀態。同樣的，人類集體的歷史走在這個階段也會處在相同性質的情境，創造出符合此一階段的文明面貌。

接下來會把這個階段的狀態做擬人化的說明，也就是說把他當作一個人物來想，他的人格狀態具有怎樣的特質，或者如果你曾看到有這樣人格特質的人，他大抵是什麼樣子，這幫助你具體想像這一個人格的風貌。

另一方面，這些人物有他的超凡性，被我稱為「神之手」，他們是「自我」和通達內在最深處的全知全能全在的橋樑，人在物質世界的肉體生命遭遇，是「自我」意識與內在心靈的合力創造，一切事、物經由這些溝通者連結和交流形成共謀，並執行、具體化。

而接下來的幾節會談到如何探索他們、面對他們、運用他們，但事實上這些部分都是不可分割的。當然每個人物因為他們的特性、能力、作用方法不同，有些相似，有些則迴異，因此根本上瞭解他們、與他們接觸和溝通（「自我」和內在人物本來就有無形的連結，但是明意識上我們不知道，無法用意志的方法去運用。）的方法雖然相似，但認知他們和運用他們，面對他們的態度，在方向上就會有相當的不同。

有關於和這些人物接觸的建議，聽起來充滿玄祕感，其實一點都不古怪，它們都符合許多現代心理學原理。單從心理學的角度，這些人物都具有他們特殊的智慧與能力，你在生活裡會很需要藉助他們的力量。有些人物有你的「自我」很欠缺的特質，當你的「自我」在面對某些情境無法應付時，你可以呼喚內在人物，有時候你會面對很難解的人生疑問，也可以從你的內在人物求得答案。

而從超心理學、神祕學的領域來看，他們確實就像你內在操作著你的生命機遇的一套運行結構，他們能自由穿出心靈與物質世界的障壁，任意連結任何心靈任何事物，「自我」通過他們的的確確創造出外在世界，創造出命運之旅的相貌。

你可能會對某幾個內在人物特別感興趣，特別好奇，但是因為他們所代表的狀態有一個順序，我想最好的辦法還是依照章節來讀。

利用內在人物創造命運

如果我們想藉由「自我」的明意識來操作命運，我們得先去接觸深層的內在意識，並瞭解兩者如何相互影響。

以榮格的說法，「自我」和「本我」的接觸和融合是非常重要的，「本我」引領「自我」走在生命正確的道路，只有在這種情形下，和「本我」一致的「自我」才能獲得最完滿和諧的發揮。

人的心靈能與外在世界相連相通，因此心靈能與物質世界互動，這是榮格「同步性」的前提。

我們並不是被放置在物質世界裡，我們不是被外在事件偶然的發生所擺佈，外在世界的每事每物是我們心靈的創造，因此也是我們心靈的映照。我們之所以成為我們，並非順應外在環境而造成，相反的，我們心靈的人物將我們投射到外在。

當我寫到「皇帝」這個內在人物的時候，我正在寫一封信給朋友。

「你的內在有一個王，內在人格是跟你外在的身份無關的，他是你心靈的成分。別人有沒有這樣看待你，那是外在世界的事，但是你的內在是要用王來面對。外在世界是心靈的鏡子，心靈的投射，心靈製造出來的。你的心靈是一個王，投射到外面的物質世界，你就是王，而不是反過來。」

我們，以及我們在這個世界的遭遇，是我們心靈人物組織創造出來的成品。

當我們的思想侷限於外在世界，那麼內在心靈與外在物質世界的疆域自然就是嚴明的，我們絕對不會相信那條界線不存在。如果我們根本不知道內在是自由進出的，是內外一致的，當然不可能我們會明白如何從內在創造出外在來。

這本書採取內在人格化的概念，如此一來你就能夠方便地想像和運用內在機制，你就能更明晰地揣摩你的生命情境是怎樣在發生，並且也方便你找到感覺去和內在進行對話，直接獲取適用的資訊，進而達到隨心所欲主動創造自己命運的境地。

本書的最後幾章牽涉生命的圓熟階段，以及生命狀態重要的裁決機制，請時時刻刻把他們的重要性放在心上，並且練習時時刻刻用他們的眼光來看待你生命的一切，他們將協助你排除恐懼和焦慮，得到安然與自信，創造生命極美妙的情境。

協助你踏出天命第一步——浪漫主義的 0 愚人

關於愚人

在塔羅牌的二十二張Major Arcana中，愚人其實是獨立出來的，他的編號是「0」。

如果Major Arcana展示了人的生命旅程各階段的狀態，那麼在這之前我們得先問，是誰在旅行？

這問題聽起來很多餘，但卻是一個很基本的哲學問題：我是誰？從何而來？我為何是我，不是別人？我們現在聽起來很理所當然的人本主義，其實是十七世紀理性主義之後的產物。換言之，「我」是主體，中心，真理之先，並非古典的概念。

「愚人」意味主體，拿康德的《純粹理性批判》來描述愚人如何為主體倒是十分恰當（儘管康德這本厚重論述的誕生在哲學史上造成石破天驚的衝擊，當時看來深奧晦澀不可解，但是在人類的集體文明走過「高塔」——我們在本書的後半會談到——而往母體懷抱折返時，其基本概念卻如此明顯）。「主體」對外在的認知乃架構於本身先驗的意識上，換言之，無所謂真正的「客觀世界」，外在乃是來自主體感知、思維、情緒所呈現的結果。

然而《純粹理性批判》指出人類透過感知與推理的方式認知事物，不可能抵達事物本身，因為人的感知能力是受限的，「真實」最終是不可能有答案的，真理是無法被證實的。聽起來這論調終結掉了所有的形上思想，可是也一體兩面地指出了一條出路，信仰的自由就是一種個人化的浪漫主義。

這正是「愚人」呈現的素質。

「愚人」展示了主體的純粹性，不被內心世界的想像與外在現實間的落差所困，換言之，愚人不意識到那之間存有差異，因此愚人的思維不受污染，也不受框架限制。

即將展開旅程的「愚人」隨後將揭示的，是其內在世界的呈現，也是其外在世界的創造。圖景中的愚人腳下是懸崖，一方面暗示著愚人絲毫不感覺、在意的危險，一方面也可看成，未來的生命遭遇不是已經準備好在前方等著我們的，生命旅程中我們見到的所有景物，乃主體所創造，在未被心靈創造出來前，猶如虛空的斷崖。

內在愚人所掌管的機制

最初的自我

愚人如果意味生命旅行的主體，那麼可以說其代表的就是「自我」了，「自我」是內在站出來的部分，浮於最表層，和物質世界打交道的部分。

但愚人保持他原本是「本我」的一部份的心性，我們可以這麼看待，「自我」和「本我」分離後，漸行漸遠，但是有一個最初始的狀態卻是一直保留著的，就是「愚人」。

不受限的狀態

這就好像人們有時候說的「最初的自己」。隨著年齡增長，歷經波折洗鍊，「最初的自己」會喪失掉，但回想起「最初的自己」，想想那是什麼樣子，會找到力量。「愚人」有點類似這樣，「初始的自我」一直在「自我」底下存在著，也繼續運作著。

人的心靈給自己安排在物質世界遭遇的各種生命衝擊與情致，是能增益內在創造的視野和力量的，但是在超越層面的心靈並不會受限於人世的痛苦，就好像時間對永恆來說是沒有意義的，肉體生命的痛苦、挫折、悲傷，對靈魂而言都太渺小。

也因此，靈魂不可能困在人世的價值觀，也不會依從人世的價值觀。這是心靈的本質。愚人最接近這種「不受限」的狀態。

提醒自我面對純粹的自己

我們的內在被心靈所安排保有這樣一個人格，好讓「自我」能利用他，隨時保持一個排除一切外在既定價值觀的枷鎖，保有最自然、純粹的可能性。

「自我」被社會既定價值、成見、他人的眼光干擾，有時已經不知道真正的自己是什麼，自己到底有沒有能力超越這些時，愚人會以「衝動思考」、「衝動行為」的形貌來協助「自我」面對自身更深層的部分。

愚人的人格形象與特質

明知不可為而為之

「愚人」這樣的稱呼，很少人喜歡被冠在自己頭上吧！「愚人」聽起來就是傻子的意思。

然而，在某些情況下，很多人會自稱傻子，雖有些自嘲，但也有驕傲的成分。「對啊，我就是傻。」或「誰叫我是傻子呢？」意思是，大家都認為怎樣做才對、才容易，可我偏不那樣。

是的，傻子有「雖千萬人吾往矣」的意味。這裡指的傻子不是笨，是明知不可為而為。這裡指的傻子聽從的是自己心裡嚮往的事物與行事方法、方向。

所以「愚人」這個人格，有浪漫主義的傾向。

浪漫的理想主義

浪漫主義是懷抱對人世美好想像，遵循這個理想去行事，也可以說，不切實際的理想主義。

很多革命家是這種理想主義者。他們不切實際嗎？也不能這麼說，他們在看著這個實際的世界的時候，同時也從中看到一個美麗的海市蜃樓，而想走到那個海市蜃樓去。對革命者而言，就是要去創造那個海市蜃樓。

愚人知道自己跟別人是不同的，知道自己懷抱一份美麗的東西，別人不見得懂，不見得看得到。

當然愚人也莽撞，就像希臘神話裡以蠟黏羽毛做翅膀朝太陽飛去的伊卡魯斯，就像大戰風車巨人的唐吉訶德。

不顧外在逆向的勇往直前

不切實際的「實際」，就是世人眼中的「實際」，藝術家若以現實為依歸，不可能創造超脫凡俗的作品，迎合市場而無所謂自己的堅持的創作者，當然不傻，不是愚人，但也不是真正的藝術家。「實際」求的是安逸的生活，怕死、怕事、沒反骨的人，怎麼可能去搞革命，這種人當然不是愚人，為求官求權去搞運動的人，也不會是真正的革命者。

愚人不顧及外在地「逆向」，愚人有時候甚至不感知外在地「逆向」，因為愚人的意識集中於自己的熱情。

切・格瓦拉也有愚人的特質，從他的《摩托車日記》、《古巴革命紀實》，尤其是《玻利維亞日記》可以發現，愚人自己是很認真的，不覺得自己有任何脫離現實，甚至，愚人覺得自己與現實緊緊相繫，那是因為愚人比普通人更感覺自己所認知、創造的世界（旁人眼中是一個架空的虛幻世界）就是無比真實的世界。

如何探索你內在的愚人

無目的的「就想要這樣」

愚人人格非常重要，他代表一個人最純粹的部分。因此，要去探索內在的「愚人」，可以從不被世俗邏輯框架的素質著眼。

愚人人格之所以帶有浪漫主義的、理想主義的色彩，就是他是一個先於人為社會設定的價值結構的人格，所以愚人做事並不會為了功利的目的。

我舉個例子，假使你並沒有想成為鋼琴家，但不知怎的你就是對彈鋼琴有種莫名的喜愛，你並不抱特別的目的，也真的嘗試去學習彈鋼琴，看來你似乎在這方面也沒有驚人的天賦，但你對於做這件事依舊樂此不疲，雖然不至於到狂熱，但你的確有意無意想進行這件事，你甚至不會刻意想在某個同樂會之類的場合做個簡單的餘興表演，而依舊很享受持續彈琴。

這就是愚人人格的影響。

摸索不為你所覺察的潛能與生命方向

彈琴這件事跟你內在的某個部分有關（原因很多，好比說童年的經驗，也說不定跟前世有關，不見得能找得出來），但造成你不自覺、無目的地持續做這件事的浪漫心態，是愚人人格所造成。

如果你的內在指引你做某件事，也許牽涉到「本我」的設定，某些等著你去開創的生命經驗，或者等著你發揮的莫大潛能，在現實上它沒有誘因，你自己既沒有覺察也缺乏信任，這時愚人人格能助你更純粹地在此集中意志，如果加上其他人格的輔助，這件事或許就會浮上一個高度，從配角變成你生命的主角。

愚人人格會讓你發生與現實背道而馳的一種具理想性的不可抗拒衝動，不一定是很了不起的大事，有時是很微小的、生活化的瑣事。有些人平常顯現很務實的性格，但莫名其妙在某件事上突然發神經，不惜一切也不顧任何別人勸告一心一意卯起來要朝自己的意思做，這是愚人人格的作用。

尋找「自我」底下純粹的部分

愚人人格帶來執著與勇氣，那來自愚人不被社會污染的單純，人類原始的天真，生命本質的熱情。如果要探求內在愚人，你必須把一層層覆蓋在自己本質之上的掩蔽物撥開，去找底下那個自己最純粹的部分。

如果你對如何發揮自我本質，獲得生命實現的方向感到茫然，可以試著探索內在的愚人，因為「愚人」想做的事最不帶任何附加價值色彩，因此也最反映了內在的熱情，它可能最符合「本我」設定的使命。

如何利用你的內在愚人增益生活

順應外在世界的自己是真實的、完整的嗎？

我們生活在現實世界，需要去因應現實世界的法則。

嬰兒出生時，是沒有「社會化」這回事的，他也不知道德成規，更別提受這些東西束縛。但幼兒開始成長，與他人互動，直至進入社會，便要學習群體生活的方法，遵循群體認同的秩序和規範，在群體價值運作下尋求適應，然後產生獨立思考，去做出對群體價值的質疑，與行為上違反群體價值的選擇。

「愚人」不是已被人為社會制約的個體，因此內在愚人和必須順應社會的你，是對立的。

在現實社會求生存的你，必須割捨一些不切實際的面向，否則會造成生活很多的為難和災難，現實中每個行為都是「自我」做出的選擇，那個沒有被選擇的選項，並非是你不想要的，它在潛意識裡依然存在，被次人格所有。

尋找內在另一個不同的、敢於冒險的自己

當你在現實中對「自我」的某些行為感到失望（因為不得不然，你必須妥協，有時候你會怪罪現實，怪罪外在遭遇），這時你若找到自己內在有一個可以平衡的人格，試著去感受他的力量。

你如果是個怕冒險的人，你如果是個謹慎保守的人，但你又渴望有所突破，那麼你要找出內在愚人，強化他的力量升到「自我」上來。

感覺不到內在愚人時也可以製造一個。當你害怕冒險時，想像讓愚人出面。如果你認為「自我」的理想性、反叛性、冒險性不足，「自我」純粹的原則堅持力量不夠，多運用你的愚人人格，讓他來試試身手。

當你面對自己的生活感到受困，遇到瓶頸，或想圖改變、發展、更好的自我實現時，讓內在愚人幫助你突破。

靠愚人扭轉生命方向開創契機

我們在之後會談到一些命運的轉捩點，那是我們的生命旅程中的重要關鍵，我們必須與「本我」接觸，找到、調整、修正我們錯誤的生命方向，才能讓生命得到最豐富的創造，發揮最大的內在能力，獲得最美妙的體驗。往往這時候愚人人格扮演很重要的角色，因為只有愚人是站在出發點的人格，要靠他無畏前方是斷崖的腳步來幫助我們跨出這一步。

藉由你內在的愚人來創造命運

現狀是自己所製造出來的

有句話說「時勢造英雄」，這句話是錯的，應該反過來，是「英雄造時勢」。

請永遠記得一個概念，你不是被外在環境所捏成你現在的樣子，而是你用你自己的信念製造出外在環境。

這句話很多人很難苟同，大部分人都不滿意自己的現狀，不會相信現狀是自己製造出來的。

但是製造外在環境的那個你，不只是主觀世界裡的你，還包括你內在種種潛伏的人格。

因此，我們可以學著顛倒過來，利用內在人格來創造環境。

義無反顧才能跨出第一步

我遇過很多算牌人對於自己的生活感到不滿，但是又無力改變，他們總是來問有沒有可能發生一些非一己創造出來的偶發事件給他們帶來想要的機會。

說「我想換工作」的人，都想知道「有沒有別的工作在等我」？我如果跳槽，「會不會比較好」？

愚人永遠不會問這樣的問題。

如果不讓自己的愚人義無反顧的冒險，你跨不出第一步。

你一定常聽到有人說他「無心插柳柳成蔭」的經驗，其實那並非無心插柳，而是做那件事時是不抱強求或功利目的的，憑著的是「內在一股莫名的衝動」，其實那就是內在明白，「自我」卻不知道的熱情，那樣的內在熱情當然足以插柳成蔭。

愚人帶來創新的人生

我常聽從我的愚人指揮，他盲目引領我做些不知後路在哪的決定，這使我的人生在較年輕的階段做了很多我的同輩不會去做的事。

在他們眼中，那些是源自於「機會」，我也視為「機緣」，好比說我從當一個高薪的工程師轉進傳播業從基層做起，我嘗試劇場表演工作，和紀錄片拍攝工作，以及拍廣告，主持電視節目，做裝置藝術創作，一直到我進入媒體，和擔任業務總經理，每件事都很歧異，全都帶來嶄新的經驗。每件事我都不抱任何成見，也不求目的，這些都是內在愚人人格造就的。

我總相信我的愚人不斷在創造新奇的人生給我。

賦予你創造生命機遇的魔術——介於天人間的 I 魔術師

關於魔術師

魔術師是展開Major Arcana旅程編號「1」的牌，可視為靈魂進到物質世界的起始。最能象徵這個人類生命旅行開始的階段的場景，就是創世紀的第一章。

神說「要有光」便有了光，接著陸續有晝夜，有水有空氣，有天和地，有陸有海，有蔬果樹木，有太陽和眾星，有魚鳥、昆蟲、野獸，並按自己的形象造了人，人生養後代並治理地上一切。

人類集體的「本我」，創造了物質世界的環境，並創造了「自我」於其中，展開物質界肉體生命的冒險。

在這個生命旅程最初的位置揭示的是，靈魂（本我）和物質世界（自我）具有保持兩個介面互通有無的力量。魔術師能無中生有，能將想像化為真實。

這張牌裡的人物形象呼之欲出，就是煉金術師。

煉金術是古老的關於宇宙的創造性的思索，物質元素如何組成了各種型態？生命如何從無生命中誕生？煉金術操演卑金屬轉化成貴金屬的過程，是重現世界進行其創造的象徵。

後世對煉金的概念只剩物理性的層面，但古老的煉金術包含了哲學和性靈學的思想，應該說，哲學與性靈學才是煉金術的基礎，煉金術師不可能光以物理方法轉換物質，物質是通過煉金術師的心靈轉化而被轉化。

史上提出最具偉大的思考影響力的煉金術師，十五世紀的帕拉塞薩斯（Phillips Aureolus Theophrastus Bombastus von Hohenheim）認為藉由心靈力量，人能超脫命運，升於其上，上天下地，成為自身命運的源頭、中心、主宰。

其實帕拉塞薩斯所言的心靈的「想像」，煉金術師的「創造」，就是人的靈魂成為物質形式的轉化，我們在前一章便已提過外在世界是從內在投射，而即使是肉體生命本身也是，並非被創造出來便既定成形，這轉化的創造是無時無刻不在發生的。

煉金術需要能提煉出「哲人之石」（在榮格演繹的煉金術中，通過煉金過程數次合體轉化原質的產物，是一種新物質的誕生）的原質，這些原質象徵著大地孕育萬事萬物的基礎，圖景中魔術師面前安放著四大元素，乃創造生命機遇的四種基礎。

內在魔術師所掌管的機制

內在有自我不察覺的人格

所謂探索內在人格，我們要先提「自我」與內在的分離狀態。

「自我」是相當程度為適應物質生存而建立的人格，人為了能與社會良好互動，調整「自我」的發展，以及保護「自我」的生存狀態，因之會將某些人格的部分分離、壓制，而「自我」因為全心全意關注在物質生存的世界，逐漸廢棄了非此一介面需要的感知能力，不再覺得與全知全能全在的「本我」有關連，甚至無法察覺其存在。

你可能會問，這又有什麼關係呢？

如果不能理解自己內在的複雜狀態，你以為知道、掌握的自己，只是很微小得可憐的部分的自己，既不能發揮自己的力量，也無法滿足拓展生命機遇的可能。更嚴重的是，偏離「本我」設定的方向，導致繞一大堆冤枉路，或者故步自封、原地踏步，或者迷失、錯亂。

尋找最好的生命狀態

但即使如此，「本我」仍會引領「自我」，去諧和底下的種種人格，走「正確的路」，回到自己的靈魂設定的目標上面。

當「自我」與「本我」一致時，「自我」能感受「本我」源頭最終極的形貌，全知、全能、全在的力量，「自我」也能得到最大的創造力量。生命旅程中，「自我」與「本我」分開，但「本我」與「自我」是一起拓展經驗、一同成長的，因此當「自我」到了再次能和「本我」融合的階段，就是「自我」和「本我」共同進行生命的創造。

但在「魔術師」的狀態，則是很單純的憑藉「本我」引領，換言之，就像孩子自己不需要力量，他要什麼父母都會給，因此他什麼都可以擁有，都可以做到。

「相信」什麼就是什麼

你也許已經聽過吸引力法則，或許半信半疑，吸引力法則沒什麼奇怪，既不神奇，也不荒誕，它就是生命的基本現象，我們已經重複多次，外在世界是內在所創造，是內在風景的投射，當然你想什麼、什麼就發生。

內在魔術師掌管的就是這個魔術。

牛頓給了「東西只會往下掉，不會自己往上飛」一個理由，但在他作出「地心引力存在」這番推論之前，人們也早就「相信」了人是不會自己飛起來的。

「魔術師」知道人只要「相信」什麼，「真實」就是什麼。

這個境界對人（自我）來說很不可思議，對魔術師卻理所當然到不行。因為魔術師人格是與「本我」最接近的，他尚未真的離開「本我」，因此還處在能自由任意從心靈投射至物質世界而視為理所當然的階段。

魔術師人格的形象與特質

毫無懷疑的自信

正如前述魔術的前提源自信念，當你頓悟你能憑空獲取什麼、生出什麼的時候，你不需要用理性探究原因，卻很篤定。這就好像聖女貞德知道自己能領法軍獲勝，沒有懷疑一樣。

魔術師人格沒話說當然是自信、從容的，同樣擁有無所不能、心想事成能力的還有後面我們會提到的「太陽」、「世界」人格，但相較之下「魔術師」是較為原始、單純、天真的人格。

藝術家的魔術師人格

附帶一提，一般而言藝術家都容易貼近魔術師人格，因為藝術是最不具物質世界體質，而靠近心靈的。因此最卓越的藝術家都是魔術師，人們不會否認莫札特是魔術師，米開朗基羅是魔術師。他們創造了神蹟。

很多雕刻家都說他們不是把材料雕琢成他們想要的形狀的成品，而是那個東西原本就躲藏在材料裡，他們只是讓那東西現形出來。某些畫家也這麼說，畫早就藏在畫布裡面。音樂家也相信他們只是把天籟——神的聲音化為音符，傳達給世人。

每個人都在偶然的狀況下，有一種「通達」的經驗，突然知曉什麼，突然感悟什麼，突然理解自己能做到不可能的事。那都是魔術師的狀態。

善於溝通的魅力

由於「魔術師」是「自我」／現實界與「本我」／超越界的溝通，因此魔術師人格有「媒介」這個特質。魔術師掌管現實的創造，因此他也有溝通內在不同人格的能力，同時他也是個富有魅力的人格。

所有內在人格的形象和特質，都可以運用到外在世界，因此你可以冥想你的魔術師人格代表你站出來，在現實世界中發揮你的從容自信、溝通能力、領導魅力和無所不能的創造力。

探索你的內在魔術師

魔術師變「真的」魔術

大人會告訴孩子，魔術是假的，只是利用錯覺、燈光和鏡子的效果，安裝機關，障眼法的小動作……。這就像理性主義使人不再相信有任何「不符合科學理論」的事物存在。人不是從此理解了所有的事情，而是從此否決自己無法理解的事物。

如果連自己的心、自己的靈魂也如此看待，不啻無知荒誕得離譜。

在這樣的背景之下，要去全心全意地信任自己內在有「真的魔術」，並不容易。

借用魔術師重整信念

幸好魔術師本人沒這個困擾。

「魔術師」是Major Arcana的第一號，所以他是最原始、原生的人格，是把「自我」誕生自「本我」、「自我」置身的世界全來自「本我」視為理所當然的人格。對我們這些已經徹底以為（知覺）物質世界是唯一真實的人來說，帽子裡「真的」能生出鴿子是不可能的事，那絕對是騙局、掩人耳目、製造幻覺之術，但是對「魔術師」來說，那再自然不過了。

找出你內在的魔術師，如果你不夠堅定，可以借用他來幫助自己重新建立自己的信念系統，拾回魔法的力量。

逆向推導，找出自己真正相信的事

魔術師的能力、任務，他所掌管的機制與他的行為、作用，是自然而完美地存在的，因此，他能實現你內在真正相信的事情。現實與你所想要的違背，正好可以反推回來，那其實才是你相信的事。

你自以為相信正義必勝，可是你遭遇的事都相反，那麼你真正相信的是你所見到的情形。你相信這次的生意必會賺錢，結果卻大賠，那麼你的內在可能並不真的相信會賺錢，或者你的內在不認為這次賺到錢是對你有益的。

養成逆向推導的習慣，有助你運用正向力量。

如何運用你的內在魔術師增益生活

你其實不知道自己真正想要什麼

我看過很多人在算牌的時候拿到魔術師牌，卻是一籌莫展、愁眉苦臉的樣子，明明正在面臨瓶頸困境，手裡卻握著魔術師牌，這不是很矛盾？

因為當事人對自己缺乏認知，也沒有瞭解的欲望，或者不知從何著眼。你有能力要什麼有什麼，但是你卻不知道自己要什麼。

聽到這樣的話，很多人會嗤之以鼻答：「誰說的，我想要的東西可多了。」會這樣講的人，才是弄不清楚自己真正想要什麼的人。不是百分之百的，不是真的明白想要的東西對自己最深層的意義為何，那不是真實的想要，那根本不會構成信念，那也不會啟動創造，結果是，什麼都沒發生。

自我不覺醒，有機會也無法把握

這種情形極常見。內在魔術師發揮了作用，你突然發現周圍出現了很多機會，似乎想做什麼事都能有不錯的配合條件，但你卻沒有充分的安全感，也許事情不會有想像的那麼順利，因此猶疑不決，或這個那個不知怎樣選擇。

通常這都發生在你需要轉變的時候。

你的內在已經出現了改變的渴望，但「自我」卻沒有安全感，「本我」在現實中安排了某些情境，提醒你需要做出一些修正來朝自我更好的實現邁進了，你對生命旅行的創造力和想像力顯然已經落入貧瘠乏力的境地，甚至偏頗了路線，是時候要做出改變了。

然而，「自我」不覺醒，不聆聽「本我」，不覺察這種「衝動」的必要，不去尋找這種新的熱情的力量，內在魔術師是無法施展什麼魔法的。

魔法發揮力量仰賴對自己內在的瞭解

內在魔術師的魔法來自「本我」，但動力卻需要「自我」的力量，需要「自我」的信念，「自我」的渴望。

你一定有過經驗，在十萬火急、危機迫在眉睫，或是內心的渴望非常強烈、情緒很僨張的時候對上天做出的祈求，會奇蹟地發生。

因為在那種狀況下，「想要」是很真實的，這個「想要」對自己的意義是很清楚的，那種情感的張力是毫不虛假的，那種激烈也是毫不猶豫的，此時內在魔術師即刻便能做出實體世界裡命運的創造。

相反的，「自我」一有猶疑，一旦存著自欺欺人的心態，替自己找退縮、逃避的藉口，也會瓦解內在魔術師的魔法。不，該這麼說，內在魔術師也會同時發揮他的魔法，創造出種種阻撓你前進的困難，瓦解掉你開創命運機會的可能。

不能真正瞭解自己，再有無比神妙力量的阿拉丁神燈也無法造就什麼奇蹟。這本書其實從頭到尾的目的就是幫助你瞭解自己內在的複雜性，瞭解自己真正的渴望，想要創造怎樣的生命經驗，而達成這些願望的方法反而是最容易的。

如何藉你內在的魔術師創造命運

魔法師引進門，修行看個人

梅林是史上有名的魔法師，你可以想像你是亞瑟王，而你擁有一個梅林。梅林知道亞瑟會有怎樣的作為，因為他知道亞瑟的天命。

縱使有魔法的是梅林，要去拔出石中劍還是得靠亞瑟自己。

「本我」能引領「自我」成長茁壯，但「自我」仍有充分的自主性。「本我」具有一切知識和能力，能帶給「自我」所有「自我」不知道的奧祕，「自我」需要的智慧，但「自我」要有欲望索取。

亞瑟王出生時也跟所有人一樣是嬰兒，然後成長，從孩童變為少年，然後才是能肩負重任的成人，能完成大業的王者，他不會因為有一個梅林而可以在幼兒時就統一了撒克遜族。梅林有再高的魔法，也要一步步讓亞瑟成長，一個階段一個階段完成該做的事。

隨時注意與信任魔術師的指引

你要養成習慣警覺內在魔術師所傳遞的來自「本我」的訊息，否則在生命旅程你很容易迷失，或原地打轉。「本我」永遠企圖幫助你往自我完成更豐富的生命之途走去，但是你置若罔聞，與「本我」背道而馳，不可能得到正面的力量。

我自己回頭看，內在魔術師為我鋪的路簡直就是一清二楚，每個階段的轉捩點都豎立了一個明明白白的里程碑，都是當時我以為毫無意義的純粹機緣巧合。這就好像玩連連看，每個點連起來絕沒有東差西遠不成形狀，而是完美的一條線。

和你的內在魔術師對話時，要先完全地信任他，信任他的智慧與力量，否則他什麼也不是。你不覺得他是魔術師的時候，他就不是魔術師。

魔術師能召喚一切你想要的東西

通過內在魔術師，你能創造出所有你想像得出來的事物，不是開玩笑的，我有些女性朋友喜歡利用內在魔術師在現實世界裡創造出她們喜歡的類型的男人出現在她們周圍，這真的很有效。

「吸引力法則」的媒介是內在魔術師，要記得內在魔術師有無比的創造力量，但當身為亞瑟王的你要梅林幫你施法術的時候，要承擔結果的是你自己，那是你的「自我」，你的意志。千萬不要以為內在魔術師只創造你認為「好」的東西；當你的意志紛雜、情緒錯綜、信念可疑（自己未必清楚）的時候，內在魔術師也會依照你的心念圖景來創造，變成厄運的魔術師。

為你帶來深沉與通達的智慧——平衡理性與感性的Ⅱ女祭司

關於女祭司

女祭司代表潛意識的智慧。

這裡所說的潛意識，指的是在人的「自我」底下，一直通達到全知的意識之海。最符合這裡所指的女祭司身份的古老原型，就是智慧女神Sophia。在古老的猶太典籍裡，上帝的女身是名為智慧的女神，希臘文為Sophia。諾斯底教派有尊奉Sophia的女神崇拜，一說她為上帝的新娘。Sophia是智慧的象徵，中世紀的煉金術師視她為引領煉金術師通往終極目標道路的導師。

女祭司是智慧的人格化，意味無上的智慧就在人的內裡，潛意識中。因此那不是「自我」的理性思維，而來自「本我」。

女祭司也象徵冷靜。

意識之海的最深處是寂靜的，只有海面才會波濤洶湧。

但女祭司統合白晝與黑夜，理性與感性，「自我」與全我，也就是煉金術所說的「對偶」（所有事物相反的兩極。在人格中也存有無數這樣的對峙）的中心。

全我的大智慧能調和一切對立，達到完美和諧。

女祭司也符合榮格的「處女」原型，代表人物是冥界女王Persephone，是意識與潛意識，光明與黑暗的媒介。

女祭司所掌管的智慧，並非人類的知性、感性、理性能通達的智慧。簡言之，就是康德所說的「事物的本身」。

怎麼說呢？好比從人類的眼睛看去，某樣東西是綠色的，但是從某種昆蟲的眼睛看去，那件事物卻是藍色的，或者是一種人類的視覺無法看到的顏色，那麼，這件事物「究竟是什麼顏色」呢？又好比，一個人「曾經接觸過上帝」，但是這個人怎麼證明「那就是上帝」呢？

人類的「自我」所有感知系統，是配備給人類在物質世界生活所用的，因此浮在這個表面上的「自我」的感知彷彿是被限制在此範疇之內。然而，「自我」與底下的內在並非斷裂開來，他只是不往下看，或者不知道可以往下看而已。「自我」只知有海面上的世界，不知海面下無限廣闊的「真實」。女祭司就位在這樣的海底。

內在女祭司掌管的機制

感受超越自我的智慧

我們其實知道我們所不知道的事。

我們其實也知道我們不可能知道的事。

這聽起來很玄奇，弔詭，萬事萬物的答案早已存在，我們就浸潤在所有事物真相的答案海洋，因為我們自己就是這海洋的一部份，我們與它事實上是一體。

每個人都有過這種「福至心靈」的瞬間感受，突然像是有了超凡智慧，知道了難解問題的答案，或得知一個不可能知道的訊息，或有了特殊的不可解的感受。這都是與女祭司發生連結。

揭示你的內在地圖

生命歷程裡「自我」與內在的整合是一種自然傾向，女祭司是這個整合的索引，讓你找到自己內在的構圖，每種內在素質的強度、作用和位置，平衡內在各種對立性格與素質的衝突。

簡言之，我們一再重複瞭解自己的內在衝突，才有辦法達到創造外在遭遇的自如，這過程你需要指揮的參考，女祭司即是掌管這一機制。女祭司引導「自我」站在平衡上、以平靜之姿洞見事物的真貌與行進的方向，是極其重要的。沒有女祭司，「自我」在困局中可能就像喝醉酒的人無法走直線，是很危險的事。

這本書開宗明義就在說瞭解自己，瞭解自己的狀態，是無比重要的，追索此刻是把自己放置在怎樣的位置，你才能抓到命運的面貌，這就好像你看地圖的時候得先知道自己在地圖上的哪裡。

現實中的平衡與洞見

在現實中，是否要選擇做某件事？做事的方法是什麼？對人的態度這樣是恰當的嗎？無論做什麼或用怎樣的姿態，到底好還是不好，結果讓自己滿意了嗎？快樂了嗎？成就了嗎？到底在意什麼？追求什麼？受著什麼牽制？自己是自由的嗎？

每件事都包含著這樣的問題，即使是不會問自己這種問題的人，也感受得到自己的情緒反應。

給自己找到最適反應的準則，遭遇不可解的難題、撞牆的時候，洞穿這些問題中自己真實的角色，都能讓事情變得明朗。

女祭司人格的形象與特質

看透事物深層的真相

女祭司人格具有非凡的洞察力與感知，就像有一雙具穿透能力的眼睛，能直覺性地掌握事物核心。

因為女祭司不看表象。

因此與其說女祭司人格是用感官意識的眼睛看，用感官意識的耳朵聽，不如說女祭司人格的眼睛和耳朵是「心」，透過潛入意識之海得到答案。

我們說人的意識最深處，靈魂的源頭，通達一切萬有，就是神。能直接與神對話，這就是「女祭司」這人格名字的由來。

你如果遇到一位女祭司，很自然就會明白，對她說謊、諂媚都是沒有用的，你甚至無法在一位女祭司面前欺騙自己。

不為世俗假象蒙蔽

女祭司人格的心靈世界是豐富的，也習於沉浸在精神世界。她不喜入世，對世俗的事情不感興趣，也不尊奉世俗價值。

女祭司人格通透人性，卻未必擅長人情世故。換言之，女祭司通曉的並非世俗法理人為秩序結構的世界。

對女祭司人格而言，內在世界甚至較外在世界真實。因此，女祭司人格的思考依據的是得自心靈世界的啟發，而非接觸和觀察外在世界的結論。

敏銳直覺與沉穩寧靜的感性

關於認知的定義，感官知覺屬於感性，經驗的歸納和邏輯推導屬於理性，一般人給理性的評價高於感性，其實「智慧」包含理性和感性外，人類的感官知覺雖有物質世界的限制，但感情的反應、同樣被歸諸於感性的內在衝動（甚至常被簡單、貶抑地稱為「非理性」）隱含著對內在的知覺，也是感性的一部份。事實上人的知識是理性產物，但神的知識是藉感性知覺的，女祭司通達神的知識的鑰匙是感性，因此感性也是女祭司人格重要的素質。

但「感性」兩個字可能與你想像的「情感豐富」、「情緒豐沛」不同，是一種沉潛的直覺。

女祭司人格有高度的感受性，女祭司人格的沉靜並非她壓制情感表現，而是像大海的波濤再洶湧都只在海面，海底永遠是寧靜的。

探索你內在的女祭司

抽離出來的冷靜清明觀察

如果你曾有經驗在情緒反應激烈時，感覺自己有一雙冷靜的眼睛在觀察自己的情感，或者在一段時間處於感性淹沒的狀況下，有時從內在獲得清明的理性資訊，或者在焦慮、急切、煩亂的時候忽然有一瞬間好似通達了什麼而有種豁然平靜的感覺，這些都可能是內在女祭司的作用。

留心「不明所以」的情感和知覺，抓住那些感受和知覺後，再回到理性思考的層面，反覆交錯進行。

有些人的「自我」天生具有沉靜、善於思考、有高度想像能力與感性知覺的人格，那麼與內在女祭司的距離較近，也較容易和內在女祭司連結。如果你的「自我」是相反的人格特質，你的內在依然有這一個層面，你既可以去挖掘自己這樣的特性，讓它升到表面，也同樣能努力從內在女祭司那裡攫取心靈的智慧。

注意感受與直覺

女祭司在意識深處，心靈的智慧也藏在深處。通達潛意識端，理性是沒用的，就好像用科學去證明神的存在，是不可能的。我們說過了，那是因為在表意識端，感知與經驗都是侷限的、封閉的，在這樣一個狹小而有限的宇宙所建立起來的思考，無法作為測量無限的工具。

然而我們說的「理性」是物質世界的配備，是用來平衡的另一邊的重量。兩邊必須達成一個和諧均衡。

潛意識端是直覺性的，直覺通常來自於感受而非理性。

就像自己都不曉得那是什麼，卻已經反應了的東西。不曉得是愛卻已經愛了，不曉得為什麼憤怒，卻發現已經憤怒了。這是我們所說的情感、情緒。人的非理性所掌控的情感會直覺、本能、自動地浮出，包含潛意識的知識，接觸了那個層面以後，回到表意識來，回到理性的層面，思考那是什麼？我為何會如此？

這種先敏銳覺察感受性反應，再運用理性抽離式的剝解，做出釐清，也是對女祭司的運用。

如何運用你的內在女祭司增益生活

向女祭司尋求答案

如果你的內在就有一個通曉萬物奧義的導師，為何不充分運用？

當你感覺遇到生命習題的困難，可以試著問這個內在的智慧女神，描摹出她的形象來問她。

女祭司未必能回答你想知道的某些世俗問題的答案，「男友是否在外偷吃？」「他是否真愛我？」你不要太指望她回答你「是」或「不是」，她可能會反問你，你心裡想的答案是什麼？不論答案是「是」或「不是」，你真正在乎的是什麼？你想要的是什麼？

被另一半可疑的行為氣得七竅生煙的你想聽到的可能不是這些反問，但你必須得到女祭司所掌管的平靜，唯有如此才能讓你換取到想要的快樂。

女祭司的智慧是感性的，雖不食人間煙火，但對改善情緒的困局很有幫助，縱使她並非引導你去分析、推演問題，似乎不是提供理性的結論，卻讓人深沉地從內在通曉，幫助你從心靈深處獲得平靜、開闊的洞見。

人面對生活、工作、人際關係、情感，最焦躁煩悶、痛苦的，是害怕得不到想要的、失去現在擁有的、恐懼不能承受的事物降臨，女祭司是內在人物中唯一能讓你在恐懼中平靜的，換言之，能勇於接受這些。

而這是真正能讓你明白生活、生命的本質的方法，是真正改變事物的源頭，解開你的困境的鑰匙。

通過女祭司找到自己的平衡位置

無法把自己安放在恰當的位置，會處於情緒和思路無法平衡的狀態。不平衡是一種動力，就像最基本的流體力學，人或多或少在生活上都處於思考和情緒的動盪，你可能對外在的環境不滿，對發生在你身上的遭遇不滿，或無法掌握自己和外在的對應去達成符合你理想的狀態。這導致你必須要去追問，去找答案，去行動，去改變。

無論是找到自己的位置，或者找到該走的方向，或者找到行動的方法，都要處於理性和感性的平衡，才能體察最適切的答案。想像你和內在女祭司處於一致頻率的狀態。

不管是你的內在特質有怎樣的矛盾，或你在現實生活面臨的兩難困擾，每個人都常卡在該怎麼做、怎樣做才是最好的焦慮無奈，需要內在女祭司來協調，利用她的感性知覺和智慧，對自己進行整合。這結果絕對是豐碩的，幫助你邁向進退自如與無往不利。

現實生活中運用女祭司人格

在日常生活中習於運用理性的人需要內在女祭司來加強直覺與洞察力；有過剩情緒化、衝動的毛病的人無法善用思考能力，可想像呼喚你的內在女祭司出來，想像讓她的沉著站到你之上，由你們一致來主導。耽於感情、感覺並不是智慧，陷於感情漩渦的女性（或男性也是）也可以想像神聖與智慧的女祭司就是你，女祭司的你不會如此被不智的情感蒙蔽。

現代人有過於疏漠、和外在世界太過隔絕的傾向，似乎像是女祭司人格的影響，其實那是逃避、恐懼。運用女祭司的智慧去找平衡，反而會使你想浮出海面，感受海面的波濤，品嚐一下土壤的質感和陸地的空氣的味道。

藉由你內在的女祭司來創造命運

利用女祭司看見原本看不見的事物

人本來可以左右、開創命運，主導自己的機遇，踩足油門往自我完美實現的路衝去，講得俗氣些，就是要什麼有什麼，想實現什麼就能做到什麼，但實際上只有很少的人能如此。

這是為什麼呢？

與內在心靈斷裂，就會失去對外在世界的主導創造力，而這是內在充滿矛盾、無法協調的結果。

海底發生火山爆發或者地形變動時，會引發海嘯。人只能站在海面上的位置，看到驚濤駭浪，人不能站到深海裡去，看到海底發生了什麼事，而那裡才是源頭。

正因為人是站不到海底的，人不活在海底，看不見海底，這就等於海底對人來說不存在一樣。但海底不是不存在，而且它才是本質。

可是人只在意海面發生的事，因為人只覺得海面上的事才對他有影響，才是具體存在的事物。這就是前面說的，人都只聚焦在解決表面問題，而不探求根源。女祭司就是你的「站在海底」的部分。嘗試用你的女祭司的眼光來看自己。

智慧用來壯大自己

不過，過份執著於接觸「本我」，自認全心依循「本我」的指示去走，也會產生和現實世界發生距離，孤獨甚至壓力的現象。許多人沾沾自喜走到反世俗的境界，轉而追求靈性，這並非真的有了「本我」的智慧。

要記得提升自己生命的智慧並非如一般所想像的是在脫離、摒棄世俗，而是讓自己從被世俗桎梏的假象掙脫後，能有更豐盛的熱情和創造力來面對生活，使生活更精彩、不同。

內在智慧是用來輔助「自我」，使「自我」更包容而壯大，「自我」得到「本我」的協助和指引，能擴展自己，與外在世界奮戰，創造更多可能。「自我」需要壯大，女祭司的智慧能使你萌生超越性的力量，取得自在穿梭世俗的辦法。

女祭司不食人間煙火，你不一定要不食人間煙火，但可用這眼光來客觀看你面對的外在世界，你就能多一份智慧。進一步，外在世界就能為你所掌握。

平衡世俗與非世俗

女祭司的心性是摒卻世俗的，如果你的「自我」對世俗有很強的慾望，但你的內在女祭司人格的作用也很強，那麼確實會有兩相拉扯的情形。女祭司人格很有可能替你阻擋了你期待的世俗境遇。

如果你的「自我」有對金錢的嚮往部分，但內在女祭司卻鄙視金錢，雖然你的主觀意識強烈，但內在女祭司依舊會發生作用，導致外在環境中使你和大量金錢的機遇無緣。

我曾提過最完美的狀態是所有的人格得到與「自我」的整合，但那是人生終極的成熟狀態了，而在那之前，我們所能做的是善用各種人格彼此的不同，來取得平衡。

我本身的「自我」有很強的女祭司屬性，但是我的內在教皇總會適時替我製造反向拉扯的力量，「教皇」這個人物我們稍後會討論他，他代表世俗權利，人為法則。

給生命帶來美妙創造與豐盛的成果──兼具仁慈與雍容貴氣的Ⅲ皇后

關於皇后

愚人從「魔術師」、「女祭司」旅行到「皇后」，用一種象徵性的說法，可以看到是一個從天界（其意義是靈魂的介面、精神世界）往人間、地上（物質感知、物質組成的世界）的方向在移動。

在「魔術師」的階段，天人兩介面可互通有無，往來交流，互借力量。在「女祭司」的階段，能取用天界的智慧，通達天界的寶庫。到了「皇后」的階段，開始融入物質化的世界。但皇后是大地之母，大地仍與一切萬有相通，此時精神與物質依然是融合的狀態。

生命來自於大地，孕育自大地，因此自然、大地是萬物生命的母親。

古老民族神話皆有大地之母的原型，也就是The Great Mother，這是人類開始鋤農社會（最原始的農耕社會）的產物。當時的人類是母系社會，農耕文化讓人的生活與自然變遷緊密結合，與土地建立連結的關係，人與自然界必須相安，因此尊奉大地之母。人仰賴自然生息，並期待豐收。

人類邁入「皇后」的階段，象徵性地意味離開天上的國，建立地上的國，開始打造人類自我心智的世界。

在這個階段，人類一面尊奉自然，一面也開始運用自身的力量，進行自身的創造。「皇后」代表豐饒，也是人類邁入物質世界生產力與創造力的寫照。

「創造」二字意義廣大，首先它很重要地代表物質生命之旅（生命所有的遭遇）本身便完全是一個創造過程、創造產品，物質生命本身就是每時每刻從內在躍生的創造，物質生命所面對的所有有形無形的事物都是他自己的創造。而「自我」所意識到的來自於自我實現的衝動，滿足了實現自我價值之願望的行為，都是最關鍵的創造，「自我」的實體生產出來的有實體或無實體的成品，對「自我」而言更是實實在在的創造。我會（不厭其煩地）一再提到「創造」的意義的廣泛。

「皇后」正象徵著這個創造的神奇，創造的力量，創造的博大，無限旺盛而無任何中斷和休止。

內在皇后掌管的機制

把夢想變成真實

皇后主掌的是創造生命經驗的飽滿熱情，以及豐沛可觀的成果。

縱使有欲望、有意志、有方向，生命的遭遇還是無法被順利創造出來，也無法生出讓人內在外在滿足的結果，很重要的原因就是缺乏足夠的熱情。

熱情是無法假裝的東西，是不可能虛假的東西，熱情是你「真正相信的事」最明確具體的反映。

內在皇后主掌這種力量，就好像一台蒸氣機一樣，產生無比的動能，把夢想變成真實。

態度影響命運的實現

看待生命、生活的態度，相當程度會左右生命、生活的遭遇，這類似於母親怎麼看待孩子，用怎樣的態度來養育孩子，會影響孩子長成什麼樣的人。

雖然你可能無法很明確地去想像你創造了自己的命運是怎麼回事，但人生的遭遇其實是心靈的力量（藉由各種內在機制交互的作用）塑造出來的，如果你的經驗和遭遇是你不喜歡的、不想要的、不符合期待的，有點像生下來的小孩不美、不聰慧、不健康，但確實是自己生出來的孩子，你仍舊可以把他變得更美更好，有更佳的成長，更理想、更愉快的表現。

內在皇后掌管這樣寬容的、正面向的、有能量的實現態度，增強具體實現的力量。

皇后的人格形象與特質

受愛戴的威儀、有力量的慈愛

「皇后」符合榮格的「母親」原型，情感上這個人格的象徵性與人的內在追求包容與愛的典範有關，也涉及每個人心裡對母親的情結，心目中美好的母親形象。換言之，這是我們認為理想而美好的母親這一身份應該是如何的形象。

既是「皇后」，她有更高的特殊性，在萬民之上，有權力、地位和威儀，也代表慈愛、寬懷。

像是英國女王的莊嚴穩重，阿根廷的艾薇塔的民胞物與，德蕾莎修女受世人的愛戴，都是皇后人格的素質。

皇后的慈愛是溫柔的慈愛，但不是弱者的慈愛。皇后的慈愛有巨大的力量，就像一個偉大的母親絕不會是無能的弱者。男性若是為政者，必須運用皇后人格才能得民信服擁戴。皇后象徵豐饒，必須靠皇后人格才能帶給人民理想的經濟環境和物質生活。皇后人格有雍容大氣的高貴威儀，受眾人愛戴的領袖氣質，這些素質不是霸氣的，而是讓人自然而然甘願崇敬的。

皇后與造物主形象

內在皇后的形象對你而言是什麼樣子？

內在皇后是一個人所認為生命的一切、生命本身和生命際遇的創造者最美好的形象。

生命中的一切被創造的態度應是神聖、莊嚴的，那麼皇后看待這些被創造出來的一切以及她進行創造的心應是悲憫的，她應是無條件的慈愛的，她應是同情、幫助、照顧弱者的，並且鼓勵強壯而有才能的人，就像任何一個母親面對她所有或美或醜或聰明或愚笨的小孩。

創造生活的態度：旺盛的動能，寬大的胸懷

理解內在皇后的創造態度，理解她的形象，等於理解你應該用怎樣的情感看待你創造自己的生活。

「皇后」也代表「大地之母」，象徵多產、豐收，因此一個從事工業製造的人，有皇后人格表示他／她有卓越的製造能力。一個進行藝術創作的人，皇后人格表示他／她有旺盛、豐富的創作能量，與實質的結果。

如果你期待一個理想母親是如此，那麼你也會認同內在皇后的形象應是如此，那麼生命的歷程應是被以如此的胸懷所創造，那麼你是被「皇后」所寵愛、守護的，你自己也用如此的態度展開自己的生命旅程。

探索你的內在皇后

創造是人的本能

人的內在都會有創造欲望，我的意思是，這是人的本能。

創造的形式很多，讓生活能更豐富，因此不滿於生活的一成不變，或者具體地做出創造性的工作，不一定是純粹性的創造，可能是給生活裡各種尋常的事物附加創造性，以及組織家庭、生養孩子的欲望。

這都是內在皇后的影響。

內在皇后在人的心靈深處扮演的角色、負責的義務是發動「自我」創造的驅力、渴望創造的情感，和創造潛能。

感受創造欲望

探索內在皇后人格，有兩個層面，一是感受自己的創造欲望、創造能力。這是很重要的，這是生命、生活的根本，是生命經驗的出發，心靈在物質世界的形貌，是藉由生命經驗來雕塑的。

我們會一直提到內在這樣的動力，迫使我們尋求對自身價值更進一步的證明，想要更豐富的生活，更能凸顯自己的成就，找到自己的獨特性、存在感，實質或非實質地不斷做出點什麼。

由於皇后在創造層面有豐厚的能量，她是讓人體會自己存在的根源。

探索皇后人格優美的素質

另一個層面是探索自己身上應證的皇后人格特質的優點。正如前述，皇后人格有各種秀逸卓越的素質，對「自我」大有助益。

皇后是一個陰性人格，但陰性並非軟弱，陽性與陰性並非強與弱的對立，而是不一樣的力量，事實上許多陰性素質的能量、威力遠勝過陽性的素質。一個勇敢的母親為她所愛的孩子做出最大無畏的事情的時候，世間很難有其他的力量能匹敵。

皇后人格來自母親原型，女性內在多半有母親原型存在，而母親情結會使男性內在產生對完美女性形象的主觀塑造，這也會成為他自己內在的陰性人格特質。

同情、悲憫、慈愛之心是改變世界、推動世界的原動力，這些都來自皇后人格。

當你的內在升起一種想讓生活更豐富的活力，那是內在皇后的作用，雍容、同理心的感動、沉穩的喜悅，也來自皇后人格，如果你感覺消沉、生活死板，或沮喪自己的性格不大器，試著尋找內在皇后。你可能看過一些讓你感覺很高貴，但不霸氣的人，讓你希望也有同樣的氣質，那便是你對激化自己的內在皇后有期望，你也能夠自然表現雍容悠然的態度，那可以平和你的急躁不安，或小家子氣的壞毛病。

或者你也可以檢討自己的生產效率，好的時候與壞的時候相比，原因在哪？當你的產能豐沛，或者創造力豐盛的時候，外在通常是怎樣的環境？對應的內在有什麼樣的變化？試著和你的內在皇后對話，創造她的形象，去感覺她的存在。

如何運用你的內在皇后增益生活

與人相處的權力姿態

皇后與我們下一章會談到的皇帝都帶有權力的象徵。

所謂權力的位置，不一定指實質上你有組織中的權位；人與人相處，只要有人際互動的建立，就會有微妙的權力關係產生，當你站在一個權力的位置，想想看你有沒有內在帝后的素質。

天生有內在皇后的人，即使本身不出於權貴世家，沒有現實社會裡的身份地位，也自然而然給人自在大器之感。

我們說過了現實投射自心靈，內在皇后在現實中自有能讓本身獲得適合皇后人格的發展和環境，也會創造皇后素質之成就的考驗。

如果你對權力位置有想像、有欲望，也可以試著運用內在的帝后人格。內在帝后能讓你獲得帝后素質的視野，那跟當平民百姓販夫走卒不一樣，內在帝后也提供你身為管理者應有的風範和做事的方法。

運用內在皇后發揮領導力

皇后的權位得自神授，不似皇帝要靠一己之力打下江山，這是皇后有天生貴氣的原因。

很多人對處理人際關係，以及面對群體的態度，和對他人的善意或惡意，會產生困擾，皇后人格能對此泰然自若，你不需要刻意去討好別人，也不需要對人施惠然後自己銘記在心，不需要對他人的惡意恐懼，或者因對群體懷抱不信任而覺得自己難以施展。皇后人格自然能體恤他人，並以智慧處事，既不會因他人的態度而感到尊嚴有損，也不會受他人惡意影響自己，事實上別人如果接觸到你的內在皇后（人與人面對面，並非以表面的語言和表情動作溝通，心靈上的彼此碰撞其實超過我們的想像），不會輕易做出冒犯的行為。

藉由你內在的皇后來創造命運

各種形式的創造與豐收

皇后又象徵生命力、豐饒、多產，因此皇后也意味財富。雖然這麼說對皇后有點失敬，不過，有內在皇后也好比擁有一隻下金蛋的母雞。我們提過多次生命的創造有很多形式，生命經驗本身全都包含在內，具體的創造產品也是。有形無形的成就、聲名、財富都被視為世俗生活的「成果」，人們期待的世俗生活的「豐收」，而內在皇后對此能發揮相當程度的影響力。

很多人把得到財富與自我完成分開來看，其實合併在一起也沒什麼不可以，當藝術家未必要窮酸才是對的、才比較高尚，一個藝術家的作品可賣得天價，沒有什麼不好，這是否影響他創作的品質，才是另外一件事。

一個藝術家可以既不斷推出秀逸的作品，並因作品的價值被尊敬，又在拍賣市場佔鼇頭，這是很典型的內在皇后創造的結果。

記得不同人格有交互作用

內在皇后既能帶來多產，又是個搖錢樹，最大的好消息是每個人都有內在皇后，但如何運用？要記得所有內在人格的複雜性，每個人格掌管的職責和機制，並認清自己追求的到底是什麼。

有時很有力的、能提供你眼前最重要的需求的內在人物無法作用，可能是因為你漠視、壓制甚至阻擋了他，有時也可能是其他人物的強度掩蓋了他。

舉例而言我的本命牌是「皇帝」和「皇后」，很多時候我算牌這兩張牌跟我是形影不離（不過較少同時出現，在不同的事件上他們各自主導）。

皇帝的性格與皇后很不一樣，因此我剛愎自用的毛病也很嚴重，皇后的個性寬厚、性喜助人與付出關心，但皇帝的個性卻使我變得非常嚴厲、總是對人提出過高的不合理要求，並且毫不寬怠。

因為皇帝和皇后的人格強度不相上下，讓我有精神分裂的感覺（笑）……其實內在人格常有相反的個性，因此每個人都存在有心理上的各種矛盾，相衝突的內在人格都強烈激化的時候，會讓人無所適從。在榮格心理學上，精神分裂本就是一種心理現象，只是有輕重的差別，以及「自我」是否還存在有辨識與掌控能力。

對我而言，當皇帝人格站出來主導時，與皇后人格站出來主導時，我看待他人、

看待群體的感覺和想法會變得非常不一樣。價值邏輯、做事的取捨，都會有所不同。學習調和以適時並充分運用內在人物

兩極化的人格並存，在不同的情境下，由誰來誰當家作主就變成重點了，一般而言內在人格被外在所激化登場並非由「自我」決定的，因此「自我」必須學習把內在人格融合進來，成為自己具體的成分，才能自主性地做出完美的調和，該嚴厲的時候嚴厲，該仁慈的時候仁慈，一切都渾然天成地恰當。

這就是榮格說的形成曼陀羅圖形，「自我」與「本我」達成整合。

我的本命牌雖是皇后，但也存在許多其他造成反向的人格，造成許多牽制效果。我是一個創作者，我很需要皇后的生產力量，很不幸我的皇后常常要和其他會造成懷疑、不安、散慢的人格抗衡。當然這時候我就需要加強皇后的力量，我必須去認同她，與她的心靈氣候一致。

皇后愛民且澤及事物，皇后對萬事萬物皆有母親對孩子的憐恤之心，因為皇后如此看待事物，因此能創造豐碩成果。從事製造、從事創造，都可以用皇后的這種情感來看待成品、看待作品，萬事萬物皆有生命，皆視其亦有心眼來看待。

和女祭司相比，皇后有較高的行動力，與世俗熱情，因此如果你的內在女祭司給你帶來與世俗背道而馳的行動和機運，你可以強化內在皇后來讓自己動靜合宜。

提供你積極達成目標的進取力量——
作風強悍的開拓者Ⅳ皇帝

關於皇帝

接續前面所談的，人類的旅行來到「皇帝」這一階段，開始了人為國度真正的建立。

前面幾個人物屬性都較偏向精神性的層面，較處在榮格所說的「靈」（spirit）的那一端，到了「皇帝」，人的國度——也就是「自我」的國度形成了。

在人類的歷史上，這也象徵了從古老的母系社會進到父權體制，並且預視到人類以武力作為建立疆域、擴展地盤的方法，彼此征戰，大規模地延伸自己的勢力範圍，建立各自語言、宗教、秩序、文化的國度。

皇帝反應了人類的野心，也呈現了人類為證實自己的力量所做的創造。

人類雖然在所有動物中看起來是最脆弱的，沒有利爪、銳牙、毛皮和鱗甲，不能飛，夜裡不能視，兩隻腳跑不快跳不高，但也許神特意讓人類的肉體配備如此單薄可憐，人類不得不然地憑藉智慧發明了工具和武器，至此，人類打造出了屬於他自己的生命模式，開始建立他自己的人為宇宙。

人君臨自己這個宇宙，成為皇帝。

欲求統治自己的世界的因子，也在人的內心種下。

講到這裡，我們馬上會聯想想到尼采的超人與權力意志的學說。的確，尼采的論調與叔本華的自由意志徹底不同在尼采認為上帝已死，這很符合人類走到這一階段，脫離了寄生在神的國度，而從自己的力量上尋找救贖。

而至此人類也展開了人類自己的生存競爭的世界。

內在皇帝所掌管的機制

自我的獨立性

肉體生命旅程的展開，必須有他的獨立性，他要脫離靈魂全知全能的力量，進行自己的創造。

靈魂「本我」就像母親，必須讓孩子拋棄依賴之心，而小孩自己也必須有靠自己的力量生存、擁有屬於自己的世界的野心。

因此「自我」的內在必須有這樣的機制，讓「自我」有企圖、欲望。剛愎自用、一意孤行聽起來並非有益的，但「自我」需要這樣的驅力去闖蕩。當然，過與不及都是問題，「自我」一定要有他的獨立性，可是「自我」往往到頭來會一意孤行地忘掉「本我」給予的建議，就像皇帝聽不見逆耳忠言一樣。

以顯化的強勢性格來行事

內在皇帝作為人內在的機制，在內在形成力量，給予「自我」抱負心的推進，也就是說，致力於經營他在物質世界（這是指相對於心靈世界、非物質的、外在的世界）的世俗生活，並且擴充以這為出發點的思考、企圖、欲求，這些都是創造力量的出發點。

不僅如此，內在人格除了掌管「本我」必須賦予「自我」推動其生命運行的機制外，其獨特的素質也能顯化在「自我」所身處的外在世界。換言之，能有效運用內在皇帝的人，可以將內在皇帝的素質顯化，在現實生活中具體運用、展現，成為「自我」性格的一部份。

內在皇帝幫助「自我」成為一個開創、拓荒者，積極進取，並且獲得自信和強勢作風。

強勢推進生命的行進

內在皇帝便是人在面臨開創性時需要的一種強勢力量。

你可能會指著路邊一個落魄的乞丐說，如果他也有內在皇帝，怎會落到如此地步？事實上，內在人格分別在每個環節主掌生命歷程每階段的進行，包括大的轉捩點，以及每個小階段內部再細分的階段。如此分解下去，他們在最微小的部分也有作用，位高至一國元首，小至無能孩童，大至政治、個人事業開疆闢土的關鍵，小至日常生活瑣事，都包含了一個人的性格決策、應付方式。

「自我」虛弱、猶疑、退縮，會導致生命經驗停滯萎縮，這是「本我」不容許的，強勢的內在人格便會進行干涉，這是內在皇帝的職掌。當然有這樣的內在動力、內在能力，「自我」也需要加以配合才行。

內在皇帝人格的形象與特質

進取意志與獨斷性格

皇帝是人為世界力量的至高點。

皇帝這一人格並不只是象徵君主、統治者，他還是「打下江山的人」。

可以見得他有霸氣，有企圖心，具有高度意志，並且強勢。

因為是這樣一位君主，所以皇帝是具有專制性格的君主。馬基維利的《君王論》談論統治權術，直言權力對治國之重要，因此當殘酷是必要的，就勝過仁慈，為穩固政權君主要被畏懼勝過被愛戴，暴政是錯誤的因為會為民所憎恨，但溫和親民則會為民所輕視。不過，馬基維利重視君王的膽識，勝過道德，是出於他個人對人性的藐視。（在我看來，若是以此為出發，任何一種社會制度都是行不通的，因為人性不值得被信任。這是題外話。）

能夠成為統治者的人，跟只能當個平凡人的人，跟當輔佐別人的人，或是自由自在的單幹戶的人，人格特質當然有決定性的不同。

雖然這個年頭每個人都想當老闆，也確實很多人一個不爽受上司的氣，跑回家去申請個貸款什麼的，就當起老闆了。但是沒有當老闆的人格特質的人，注定會失敗，縱使讀再多經營管理的書也是一樣。

許多古典的企業家也具有皇帝的人格品質。

身為皇帝的人格，明確的目標，堅強的意志，高度的專注力，積極進取。個性勇猛但有智慧、謀略。

高遠眼界與強悍作風

皇帝人格還有一項非常重要的特質，是有眼界，看得遠。很多自認有霸氣，有野心，有卓越能力，卻目光短淺，見解狹隘，無知盲目，淺薄還自以為是，這種人算不上具有皇帝的人格。

皇帝人格確實有好戰好鬥的特質，但並非無意義無目的純因性喜挑釁而好鬥，而是在行事作風上，有溫和派和鷹派兩種選擇，皇帝型的人偏向後者。換言之，藉由懷柔、溝通來解決事情，跟用武力、壓制、強使對方屈服，皇帝傾向後者。

當然，普通人要選擇用強悍的態度和壓力去迫人就範，未必人家就會聽從，就算想用這種方法也無從行使，但皇帝人格有其皇帝的魄力，皇帝人格也善於運用其恐嚇天分，因此這是皇帝會採取的行為模式。

不過皇帝人格因作風強勢，剛毅果決，又好強好勝，因此有時容易陷入孤獨。

順便一提「皇帝」是榮格的「父親」原型，也符合榮格的「英雄」原型，在佛洛伊德眼中則是伊底帕斯的父親身份（希臘神話中的伊底帕斯殺父娶母，被佛洛伊德認為這是人類潛意識中對父親與母親的情結）。

如何探索你內在的皇帝

皇帝特質展現為行為模式

並非想要「統治全國」、「征服世界」的人，才有皇帝人格。人格特質產生行為模式，成就、地位是通過各種行為製造出來的結果之一，不同的人格特質會給自己設定不同的目標，但沒有哪一種目標對應哪種人格特質。

因此重要的是行為模式。行為模式可以反應在任何事情上。

皇帝人格有積極的熱情，但是三分鐘熱度就不能說是皇帝人格了，皇帝人格有很強韌的意志力。

皇帝人格也具有高度自信。做一件事情出於自信、熱情，不管看起來有多困難，別人多不看好，或以現實的角度不是那麼行得通，或初始時並不被認可，仍可以不動搖果決地進行，半途也不會因為猶疑、挫折而動搖，不受人云亦云影響，遇到任何問題都能以強硬的執著之心去解決，以志在必得之心收穫果實，這就是皇帝行事一貫的作風態度。

雖然我這樣解釋，你心中浮現的很可能都是一些非常符合英雄主義的君王、統領、偉人形象，但事實上你再仔細思索一遍我剛才提的皇帝行事模式，一個嬌小的女性，或者一個看起來陰柔的男子，也都可能符合。

一位看來舉止斯文柔弱的男性或女性，都有可能展現剽悍的一面，更不用說也可能發揮他／她們好像和外形不搭的勇猛性格——他／她們不需要每時每刻都如此，重要的是他們是否有意志和執行力，與執行的智慧、謀略。

因時因地所展現的皇帝人格

因此你縱使懷疑自己看來和皇帝的形象那麼不相符合，你也可能有內在皇帝。

有些人自認沒有什麼權力欲望，只想過隨遇而安的生活，個性隨和，人云亦云也沒什麼不好，更不喜歡和別人衝突，覺得自己既沒有皇帝人格，也不需要。

但是這麼想的人，有時面對自己的子女，也會出現威權的一面，「父親」原型多少在每個人心裡都有一點成分，即使身為母親者也是。也就是說，每個人對於「一家之主」存有「原型」概念，就是父親該是什麼樣子的，那麼在面對自己的孩子的時候，這種素質有時會不自覺浮出。

我父親大抵是個溫和的人，習於和子女以平等態度相處，他既無野心，對世俗也看得很淡泊，喜歡悠閒的生活，但他也會有露出傳統父親性格的一面，我父親發起脾氣來也是非常嚇人的，尤其是他受過舞台訓練，聲如宏鐘，他若真跟人吵架，確實會嚇得對方趕快俯首稱臣。

運用你的內在皇帝來增益生活

力量強大的人格確實存在於內在

具有正面素質和強大能力的內在人格，能提供你很多幫助，但你必須先瞭解他。

很多人不相信自己內在存有如此華麗驚人的人格，覺得那是不可能的事，終其一生都沒有和自己這樣的內在人格接觸過，一點都不感知他的存在，他可能也幾乎都沉睡在心靈深處，這是很可惜的事。

不過，內在人格有他的自發性，縱使你不覺察他或者壓制他，他還是會以各種方式和形貌企圖引起你的注意。因此你該養成對自己內在人格的敏銳度。

皇帝人格無疑是很吸引人的，就如尼采認同達爾文演化論提出的強人論調，他符合我們對人類社會的殘酷競爭下取得最高優勢位置所需條件的標準。

光靠內在皇帝的強勢不夠

雖然聽起來有內在皇帝是件不錯的事，幫助你成功立業，但正因為皇帝人格的素質之特殊性，也會帶來許多困擾。

皇帝人格的行事作風過強，但內在智慧沒有給予足夠的支援，外在「自我」也不足以支撐；或者皇帝人格堅信完成某事的目標和方法時，執意要外在周遭與其他人都來配合自己，不顧及他人的能力和現實的困難；也有時候皇帝人格要貫徹自己意志時，造成某些巨大的風暴或損失也在所不惜，因為他衡量非如此不足以達到他要求的結果，縱使別人覺得沒有這種必要。

內在皇帝可能使你過份執著，甚至有點瘋狂，內在皇帝評斷事物也可能跟你有所出入，這時候就會帶來負面的影響。

遇事猶疑時叫出皇帝人格

也有的人縱然明白自己有內在皇帝，但外在「自我」的自信卻與內在皇帝發生很大的落差，也是很可能的事。軟弱，凡事容易猶疑，習於逃避現實，害怕說服別人的人，最好試試去接觸自己的內在皇帝，你可能會花了相當時間也感覺不出他的存在，但一抓到他的影子就不要放鬆。

你依舊可以塑造一個皇帝人格的形象來和他對話，回答令你不安或遲疑的問題，有時候你只會有一點點模糊的感覺，有時候他會在現實裡給你一些象徵性的暗示，都值得你繼續努力。

即使你對自己內在的皇帝人格沒有明確的感覺，你還是可以藉由對這一人格應該是怎樣的個性、形象，在必要的時候把自己想成和他同一化來行事。如果是他現在會怎麼做？如此來引導自己。

另有一些人可能已經對內在皇帝很熟悉了，這時便要讓「自我」於外在的表現和內在皇帝相符合，等於說用主觀意識將內在皇帝投射到外在，才能讓他的能力具體完美發揮。

藉由你的內在皇帝來創造命運

先找到真正明確具體的目標

一個人若是沒有目標，有內在皇帝也沒有。先有欲望，然後設定目標，然後規劃途徑，然後去實現。目標空洞，或對自己想做的事充滿懷疑，輕易就被他人或自己否定，看起來離皇帝的格局實在遙遠。

連自己到底想做什麼事都不知道的人，出乎意料的多。大家都會說我想被肯定，我想被尊重，我想充分發揮能力，我想有錢有權勢，可是究竟這是建立在什麼樣的事情上，明確具體地說那究竟是什麼？卻沒有概念。

如果你不動用內在智慧，皇帝也是沒輒的，你可以先從內在愚人、魔術師、女祭司那裡，取得他們的建議，幫助你瞭解你應該何去何從。

皇帝人格很重視目標，如果他認同你內在其實知道的目標，而你的「自我」卻逃避面對、故步自封的話，他會想辦法讓你覺察、打破僵局，因為皇帝是一個強勢人格，他會想辦法讓你破繭而出。

抱持開創生命局面的決心

不過要有心理準備，當你的內在皇帝想要衝出來大展伸手，而你本身的「自我」充滿不信任感，或者長時間劃地自限、自欺欺人的話，你內在的機制可能為你在現實裡製造一些大災難，逼使你做出改變，奮起積極，勇往直前。

在這裡要提醒你，縱使這本書的主旨在提供萬事如意、心想事成的生命經驗創造，但是每件事有其脈絡，有它結構性的遊戲規則，肉體生命求的是淋漓盡致地實現，不是到巴里島躺著度假。

隨後我們在每一章會陸續介紹每個內在人格掌管的機制，你會瞭解生命歷程豐盛的遭遇是如何在既有規則又暴烈衝撞的情形下發生的。

勇士取得功績沒有不付出代價的，打下江山不可能沒有傷亡的，天下沒有白吃的午餐，若你嚮往內在皇帝協助你一起開拓戰場，要有堅強的心理準備。

逆向利用宿命的安排

附帶一提的是，很有意思的，馬基維利的《君王論》中，命運一詞也是個關鍵字，馬基維利指的是，對能為君王者而言，命運既非一般所謂的宿命論，也非一廂情願的自信，而是善用機會，將自己的意志與對情勢的評估結合。

這也是理所當然的，身為皇帝，面對命運怎會像受虐婦一樣認為那是不可改變的宿命呢？身為皇帝，命運是他的棋局，命運若有既定的成分，他也懂得反過來加以算計利用。

內在皇帝能創造的成果是華美的，和你的內在皇帝達成心念一致，並肩作戰，堅持下去，就能享受世界掌握在你手中的快感。

帶領你打造自己遊戲規則的王國——「我就是法則和教條」的Ⅴ教皇

關於教皇

再延續前面我們說的人類的生命旅程，人類在地上建立了自己的國度，走至「教皇」這個階段，人為的秩序、道德、規範、法治建立起來。

有件事情我們必須先釐清，人為世界的秩序準則是由人類建立起來的，並非是神，這一點很重要，人類組織了社會、國家，必須要有能運作這個龐大有機體的方法，必須能維持它的秩序，必須讓群體裡面的個人都能依循共同的準則、共有的價值邏輯來行動，否則組織就會混亂、崩解。

因此道德觀念、法律、行為的規範標準，都必須具體地建立，並且深植於個體心中，加以內化。

從這個時候起，人類面臨了嶄新的開始，這是一個轉捩點，馬上人類即將面臨的就是自由意志的問題（那是人類旅行下一個階段「戀人」的課題）。

教皇象徵的就是這個人類世界的規範，所謂的禮教、道德的建立，其準則與權威。

值得注意的是，教皇的位置雖然是「神的代言人」，人與神的中介者，但這其實是人為世界塑造的權勢。中世紀的教會告訴人，人不能自己接觸神，而要透過教會，透過神職人員，個人能夠直接與神溝通是異教邪說，宗教事實上變成了一種人為社會的統治力量。

我們可以從中理解，道德規範比法律、武力甚至有更高的統治、管理權力。法律條款、執政政府可能變換，但道德規範、是非價值卻有永恆的約束力量，強有力地讓個體一致化。

因此教皇牌面上不只出現教皇這個人物，還有臣服於其下的人。

內在教皇所掌管的機制

建立自己的信念王國

「自我」在「皇帝」的階段建立了獨立的性格、企圖，並且開始打造自己的世界，不只是物質的，也必須在這其中建立屬於自己的信仰體系。

所謂的信仰體系，宗教既可以實質地來看待，也可視為一種象徵，在人類歷史上，這個階段人類創造了自己的宗教王國，而以私人的生命旅程來看，「自我」意識到他有了自己的信念架構。換言之，「自我」開始覺察他對事物有「相信」跟「不相信」的差別看法。

有點像孩子會開始質疑有小精靈、仙女、聖誕老人或者沒有，然後他會開始不採取「大人的答案」，而有「自己的答案」。

「本我」給「自我」設立了一套機制，讓「自我」覺察他建立自己、生存行動的信念世界。

掙脫成見價值束縛，創新模式

對於我們生下來便置身其中的一套公共的價值世界，我們可視其為自己私自信念王國的對立。也就是說，相對於已成立的、「自我」被教育的，「自我」必須意識到他要有自己的信念創造。

接受成見的約束是一種容易的生活方式，而要去對抗社會集體的價值觀，大眾習以為常的行為模式，不但辛苦，也要承擔許多難以負荷的重量。這不是一時半刻的衝突，而是長久的，因此多數人都會選擇盡量順應多數人的想法做法。

但這無異於扼殺生命的可能，也扼殺真正的進步，因此內在一定要有一種機制，會讓人有反抗欲望。

光有反抗欲望不夠，你是用什麼去反抗呢？你必須創造出反抗之下你自己的原則。

不只如此，你創造了你的行事方式，你自己相信的法則，最好也有別人來遵循你的法則，如此才不只是個人的突變，也帶動集體的改變。

因此內在教皇的任務是驅動「自我」挑戰既定規則，改變思維，創新觀點，製造新模式、新作為，也給予「自我」影響周圍的人的能力。

掙脫命運既定這回事

成見就是所有的人信以為真、當作事實的事，凡此種種都是桎梏、束縛，造成死路、偏狹，扼殺可能性和創造力。這不只是面對世俗的價值觀，面對命運這回事也是一樣。

人的靈魂既讓「自我」以為被「狹隘的真實」所框架，但也同時給予線索打開「自我」的眼光，以及給予動力讓「自我」有掙脫的欲望和力量。

命運同樣是一種看似既定（或者看似完全無法捉摸，這麼說好像相反，其實影響是一樣的，都是被認為無法掌控）的形式，而生命經驗也同樣可以不受命運既定的束縛。換言之，面對這些，教皇人格依舊可以認為，我可以不甩這套，我有我的法則。

教皇人格能給予「自我」提出質疑，以及「我說了算」的自信。

教皇人格的形象與特質

有如黑手黨教父

要想像具有教皇特質的人是個什麼樣的人的話，教皇的身份像是某個領域裡面的權威、泰斗，其一言一行對該領域動輒發揮影響力，有象徵著該領域的倫理、秩序的意味，如果是黑手黨，就像是教父那樣的人吧！（笑）

當一個人在某個領域佔到一個舉足輕重的位置，他就寫下了這個領域的法則，掌握了這個領域的生態。教皇恩威並施，後進想要涉入這個領域，必須仰賴他的鼻息，聽從他的指揮，遵循他的法則。他會照顧值得提攜的人，寬大的給予幫助，而他的幫助十分有力。但他也可能一腳踩住你，讓你無法翻身，或者他有權力能斷你的後路，他若漠視你，你就失去這個領域裡的任何依靠。

教皇人格十分自覺他的身份，在群體裡他會很明顯呈現這個教皇特質，和他人的言談互動都可以感覺得出他的主導氣勢。

教皇因為是秩序、倫理的主宰，因此教皇人格通常會很主動性地做出規範他人的言論，態度更是十分明顯。

主宰的地位，法則的制訂者

教皇握有強大的資源，他並不吝於給人，但前提是對方表示服從。

也由於教皇自居秩序、倫理的主宰，教皇的本位主義非常重，他不會以他人的角度來看事情，也不會從他人的立場瞭解別人，教皇的心態很簡單，他就是法則，就是教條。

這些特質當然會使教皇有盲點，但教皇通常也有他高度的智慧與知識，以及豐富的經驗，足以支撐他力量的保持與發展。

也因為教皇的這些特質，他也像是一個前輩導師，他的經驗教誨十分有用。你可能很有反叛性，未必想對教皇服從，但教皇所能提供的知識經驗或者實質資源往往是很寶貴而具有高度價值的。

教皇人格未必只發生在大格局的領域裡，即使是生活裡某個特定事物的小範疇，也會有類似教皇這樣位置的人物。

內在與外在看待教皇人格的方式

教皇人格的形象與人格既是如此，你可將內在教皇視為一個內在的教父，「自我」能感受他的權威性的力量，他看待事物的一種整全性的視野，以及他不理會「自我」所被束縛的那些東西。你可以運用內在教皇這種態度來創造生命經驗，成為你自己人生的教父，你也可以運用教皇人格在你的現實生活的行事風格。

如何探索你內在的教皇

自問你是服從者還是被服從者

就與前一章的「皇帝」一樣，你可以把教皇人格視為一種價值態度、行為模式，摸索教皇看待事物的方式，與人互動的基礎。

如果我們把教皇和他的服從者對立來看，你可以先想想你通常是屬於教皇人格或服從者人格。

你可能會說你是化外之民，既不想服從別人，也無意別人服從你，不過，別忘了我們曾說過，人與人的互動都存在一種權力關係，即使是變動性的，每個時刻也都存在、主被動的情勢，以及強弱的對峙。

在談判的時候，握有資源多還是少，態度的表現進還是退，總和起來優勢還是劣勢，一定存在有差距。

既主宰他人也協助他人

教皇人格與皇帝人格在強勢這件事上的差別在於，皇帝有專制性、侵略性，教皇則以使人歸化、受自己引領為原則。教皇不存有制服人的目的，而是認為他人受其領導並順從才是對的，對當事人有助益的，反之則是誤入歧途。教皇並不一定會去干涉不服從的人，但他相信不認同、不遵循他的規則等於是自尋毀滅。

經過這樣的解釋，你應該很容易發現自己內在是否有教皇人格的屬性。

聽起來這個人格很特殊，具有強烈的自我放大，但事實上，看起來很平凡的人內在有教皇人格的很多。即使不站在多了不起的權力位置上，但深信自己的真理是唯一的準則，並且要求別人遵循，這樣的人格很常見。

若只是盲目的自我膨脹，則沒有意義甚至危險，這並非內在教皇的作用。

遵循自己的法則

教皇人格的作用是要「自我」有獨立思考的能力，保護「自我」不被外在的價值觀念綁架。

因此內在教皇會驅使「自我」產生反抗的力量，並且有追求自己的價值觀的欲望。

教皇人格不喜歡也不覺得自己需要遵循既定的法則，別人都怎麼做，別人都認為對的，教皇人格嗤之以鼻，他要建立他自己的規則。每個人的內在都有反叛性，但這反叛並非為反叛而反叛。反叛的必要是因自己必須能以自身的意志建立做事方法、分辨好和壞、該或不該的準則。

檢查你自己獨特的行為模式、價值邏輯、與人互動的態度，思索自己獨立發展的屬於你個人的法則。

運用你內在的教皇增益生活

進入新環境便運用教皇人格

我們說過了教皇人格不會是他人的服從者，因此教皇人格從一開始就不會依循既定的遊戲規則來做事。

在現實生活中，大部分人進入一個新環境，開始一個新工作，創造一個新事業時，都會想知道別人都是怎麼做的，或者大家會告訴你你應該怎麼做，甚至，別人會告訴你一定要這麼做不可。教皇人格既不會去關心別人怎麼做，過去大家都怎麼做，或者環境擺明了非這麼做才行，教皇人格從一開始就會設計出自己的法則，自己的規矩，很明白在這件事上怎樣做是對怎樣做是好。

此時你可以思考，你的內在教皇是否讓你有自行創造的衝動。有時這是你凸顯自己能力和特色的契機。

利用反叛的性格營造領導力

教皇人格就像是拒絕別人給他既定的設計圖的工程師，他有他自己的設計圖。教皇人格之所以拒絕別人的設計圖是因為他心中只有自己的設計圖，且認為那才是完美的，因為教皇有這種性格，也使教皇讓人感受一股特殊的風采，旁人很容易認同教皇所陳述的他自己獨特的觀念。

聽起來教皇人格沒有天生的合群性格，沒錯！好比說在學校裡，教皇人格不會依從既定校規，他未必會違反（不幸通常是會做出違反的行為），但他很可能強烈地不認同。在此同時教皇人格很可能會發展他自己的一套行為模式，自己的作風法則，而得到他人的傾慕、尊崇，甚至引起模仿。

制訂自己王國的藍圖

教皇人格有這些特質，但擺在眼前的事實是，黑手黨有那麼多人，有幾個能成為教父？而即使在鄉下的小學裡只有十來人的班上的老師，也可以算是那裡的教皇！至於空有教皇人格，對於到底如何制訂自己的法則，以及那法則究竟是什麼，卻沒有概念，那也是毫無意義。

所以重要的是你如何建構自己的法則，用自己的法則打造你的王國，你必須很清楚自己的王國是什麼樣子的，你必須先繪出它的藍圖。這是十分重要的，也是基礎的關鍵，你必須事先看見自己要創造的局面，才曉得支撐它的法則是什麼。

如果你沒有這樣清楚的概念，以及創造的智慧，只不過是不情願依從外在的法則規範，不願意符合別人的期待，不喜歡別人說怎樣是對就照著去做，反而只會出亂子，或使自己顯得幼稚甚至愚蠢。

若是內心有反抗欲望，卻又覺得自己無力反抗，習於委曲求全，或很容易相信別人告訴你大環境下那不可能，就馬上相信那不可能，那麼你可以試試主動尋求內在教皇的協助。

你可以在自信上、習得自訂法則的方法上向內在教皇求援，在此同時也需要其他許多富有智慧、勇氣和力量的內在人格的協助。

藉由你內在的教皇來創造命運

不怕挑戰陌生的事物

不害怕進入一個陌生的環境，接觸全新的事物，勇於在那個世界制訂自己的法則，是教皇人格能帶來的優勢。

我自己的性格也不願意依循既定法則和做事方式，任何事情我喜歡自己發明解決的方法，而很少先去問別人都是怎麼做的，我並沒有強烈的欲望要別人遵照我的模式，不過如果別人願意接受，我確實很相信我的方法、我的規則是最好的，而樂於協助別人以這樣的方法得到助益。

我的教皇人格帶著我勇闖許多陌生的新世界，我沒在那些世界真的成為教父（笑），但那些生命體驗是我非常雄厚的資產。

內在教皇能創造世俗成就的際遇

由於內在教皇所掌管的機制是關於「自我」在世俗世界裡運作的信念體系創造，因此和女祭司掌管的事物內在真貌的智慧有所不同。內在教皇也會具體創造與世俗王國有關的具體際遇，有助「自我」的世俗成就。

內在教皇驅動「自我」創造自己的信念世界，這個信念世界會顯化在外在，就是「自我」生活的真實世界，真實世界的機遇與成果。

人們以為表面「自我」是在現實中戰鬥的，心靈的內在人物躲在底下，根本就與現實隔絕，脫離現實，只是些抽象的，虛幻的心靈景象罷了。其實剛好相反，「自我」能操控的現實有限，內在人格才有更強的和物質世界相連通的能力，他們比「自我」更有力量操縱外在的機遇和環境。「自我」不是在現實單打獨鬥，越是能與內在人格做接觸和加強互動，越能獲得掌握現實的力量。

教皇製造出幫助自我的貴人

此外，也有人希望他人給予自己協助和指導，幫助自己成長、茁壯力量，也就是說作為教皇的臣服者來學習、壯大自己。

如果你希求內在教皇給予你幫助，可能會覺得更好的是外在世界也出現實質的貴人。黑幫電影裡的那些教父角色，既是老闆，也是導師，同時也是貴人，教皇人格是這種身份。除了自己內在的教皇可以幫助自己外，內在教皇有時也可能投射到現實中他人身上，擔任你的貴人的角色。

換言之，你在現實世界可能遇到一個這樣的人物，幫助你、帶領你、給予你新世界、新法則。

至於你要如何藉助這個現實中的教皇達成自己的某些目標，就看你自己怎麼想怎麼做了。

但最終信仰、信念、思考邏輯還是你自己的，你必須自己去建立。

帶來與他人美好和諧關係——精通愛的藝術的VI戀人

關於戀人

這張牌呈現了亞當和夏娃被逐出伊甸園的景象，天使拉斐爾慈愛地看顧他們。

二十世紀重要的心理分析學家佛洛姆以這一幕伊甸園的故事指出關於人的存在、自由、歸屬的問題。

亞當和夏娃在伊甸園的生活原本是天真單純的，他們沒有自由，因為他們沒有所謂選擇，也沒有所謂思考。直到他們吃了禁果，這是個違反上帝命令的行動，這意味人第一次自己做出選擇，也是人類第一次自由意志的行動。

人被逐出伊甸園，象徵與原本和自然一體的狀態割裂開來，於是人意識到自己是獨立個體的存在，換言之，自己是孤單的。而人類也因此擁有了自由。

擁有自由與個體獨立使人感到恐懼，而人又無法再回到伊甸園，因此人必須尋求與他人連結和融合。

佛洛姆在《愛的藝術》中指出愛與人的存在理論一致，唯愛是個體化的存在焦慮的出路。

我們可以從人類的歷史上，數度找出這樣的脫離母體、尋找與他人建立和諧融合關係，為求得到救贖的狀態。首先是耶穌基督的出現，引領猶太人從舊有的宗教法則脫離，重新以愛和仁慈來詮釋神。以及馬丁路德的宗教改革呼籲人們與神接觸不應透過教會為仲介，信仰是個人直接面對神。到啟蒙運動人以理性來看待人與人的關係。至佛洛姆所說的工業革命對個體化的影響（佛洛姆的「個體化」指的是人與自然分離。工業革命帶來的資本主義將人從封建制度的束縛中解開，就如同離開伊甸園，是人的再次孤立）。

「戀人」象徵人類對與他人和諧融合的需求。在人的生命旅程歷經了前面我們所說的「魔術師」、「女祭司」、「皇后」、「皇帝」、「教皇」各階段，此時人終於意識到自己的存在焦慮，同時人類世界也瀕臨混亂崩解的危險，必須尋找解救的出路，愛便是唯一的答案。

「戀人」無論在人類巨觀的歷史進程，或個體私人的生命發展，都扮演重要角色。

內在戀人掌管的機制

尋找融合的欲求

我們同時可以參考柏拉圖的說法，靈魂本陰陽同體，分裂成兩半後，男人與女人永遠在尋找自己的另一半。

榮格的「個體化」是另一種解釋，「自我」原是「本我」的一部份，「自我」從「本我」脫離出來，為因應物質世界、社會生活而單獨存在，但「自我」與「本我」永遠在尋求接觸和溝通，「自我」與「本我」必須再次結合，融為一體。

如果我們從更深一層的角度來看，人從宇宙完整一體中解離出，在物質世界經歷彼此隔絕的生命經驗，不再能知覺「自己以外」的心靈，不再能自由進入「別人」的情感與思維，這除了是原有的一種自然的覺知、自然的能力的喪失，當然會造成本能的焦慮、本能的欲求。

驅策自我尋求和諧融合

換言之，理解他人、被理解，融合，尋求群體接受，同理心，愛的渴望，是本能的機制。靈魂與靈魂之間原本沒有隔閡，應該說，是一個整體的，但是各自孤立進行冒險後，潛在的不安感一定會發生。內在戀人便是人的內在驅動「自我」去尋求和他人融合的行動，欲求理解和被理解，人與人關係的共融和諧，這並非理性思考的產物、人類謀求社會秩序的結果，而是出自於內在的動力。

內在戀人掌管這樣的機制，他也讓人本能地想去試探愛是什麼，愛是否是自己想要的答案。

要知道理解、接受他人，同理心，追求和諧的情感，與自我的探索、自我價值的追尋，並非兩回事，人的內在的最深處，彼此之間是相通的，「本我」經常把「自我」底下的成分投射到他人身上，示現給「自我」看，我們和他人的區分，沒有自己想像的那樣大。

戀人人格的形象與特質

良好溝通與理解能力

亞當和夏娃離開伊甸園的故事，意味獨立個體間不再能心意相通，而必須透過「自我」進行表述，否則無法相互理解（你自己不說出來，誰能讀你的心呢？）。而我們也永遠只能把他者的表述（言語或行為）當作他的內心，因為我們不再可能直接進入他人的內在世界。

在這種情形之下，「戀人」意味著各種形式的溝通能力。

內在戀人不僅引領人覺察與他人和諧共融的欲望，產生溝通與情感連結的行動，也賦予「自我」與他人相互理解交流的智慧。

因此戀人人格擁有良好的自我表達能力，閱讀、覺知他人的感受的能力，善於接觸他人的內心世界，並和自己的世界發生共鳴。

戀人人格能創造良好的人際關係情境，能敏銳地找出一個環境裡導致人際關係惡化的死結。

愛情使人重拾相連之感

「戀人」也代表愛，愛情。

愛情是內在戀人所觸發的最神奇的部分。

人類在古老的融合狀態時，本來就無分彼此，因此並無「私自」這一回事，但人類以一種侷限的知覺徹底獨立運作之後，「私自」成了「自我」的個體意識來源，而「無私」變成一種「不自然」的事情。

內在戀人操作「愛」這個機制，在「愛」這件事發生時，能讓人把「自我」的障壁打開一條縫，使我們重新感受人類彼此在一體的狀態時那種相連感。

「戀人」意味打開心扉，讓彼此通行。意味溝通的意願。意味對群體關係正面的信念，也意味人與人的和諧建立在相互理解。

「戀人」是極重要的人格，對世界的「善」、對人與人之間的信任、對自己有否能力和世界溝通抱持懷疑，都是「戀人」人格無法強壯發展的症狀。與內在戀人發生斷裂，導致「自我」的框架、侷限更緊縮，私自意識無限制膨脹，棄絕對他人的理解欲望，不承認自己的內在和他人的內在有聯繫，這是人類面臨的嚴重問題。

如何探索你內在的戀人

脫離群體關係之不可能

人對愛、和諧、人際關係的需求，是建立在人原始的內在欲望上，而非大家以為的務實的社會化群體生活的需求。

因此人想被愛、被關心、被重視，人有分享內心世界的欲望，有被納入群體的欲望，有依賴他人的肯定來建立自我價值的欲望，有溫柔的關懷之心，有理解他人的好奇，希望和他人建立連動性，是一種天生的內在需求。

但是當今的現象，人類產生了一種內向化的傾向，感覺自己有社會適應不良的症狀者越來越多，即使在人群中工作生活也痛苦於無法融入社會。這樣的情形說好聽是追求自我，事實是逃避群體生活，於是選擇內縮的生活方式。

人本主義興起使得人開始重視並極力凸顯自我的獨特，但是泡沫經濟後，持續的不景氣與人類生活環境各層面的毀壞現象，與人本概念產生衝突，導致人的這種內縮行為，對於與社會一致、融入社會產生恐懼、逃避、拒絕的心態。

通訊科技的普及滿足人的溝通欲望，但不是真正的溝通，人類將內心的需求投向虛擬世界。

這時候分外需要探索你內在的戀人人格，理解自己與他人相處模式的問題，要知道社會化、與群體諧和，和抹煞自己、凸顯自己的獨特性、追尋自我，是兩件不相衝突的事。

尋求與他人的相互理解和融合，並不等於放棄自己的價值觀跟保持自己與他人的相異，相反的，正是要去意識自己和他人的不同，達成珍惜和寬容，以及相互為用。

這和「自我」與「本我」間的關係也很類似。「自我」和「本我」要融合，必須相互理解、接納，用兩者各自的經驗、優點，孕育出各自嶄新、更豐美的面貌。

生命經驗必建立在與他人的共同創造上

和他人相處，或者遭遇與人互動的挫折，或者懷有對他人行為的反感時，記得借用你內在戀人的能力，和你的內在戀人對話。和所有其他內在人格一樣，他也有能力創造現實中的遭遇來幫助你突破此一（該人物所掌管的機制下的）困境。

如果你是個天生孤僻的人（其實我自己也是），審視你的內在戀人，與他進行對話（我經常和各種內在人物對話，這是我非常喜歡做的事，總令我得到很多新奇的答案），也許你對他人具有很好的直覺洞察力，但實際用言語、行為溝通互動，相互理解、建立關係時，卻很困難，那也沒有關係，我自己也習慣跟他人冷淡相處，保持疏離的關係，這令我比較自在。但是不要忘記讓你的內在戀人協助自己對他人懷有寬容、探索、好奇之心，那能增長你的智慧和視野，給予你在人世更好的創造力，我們在人世的生活之所以豐盛，是因為我們和他人以一種無比複雜的連動在共同創造燦爛的生命經驗。

運用你的內在戀人增益生活

人有建立自身意義的需求

即使是反文明、反社會、隱居湖邊的梭羅，如果他認為自己與他人毫無關係，也不會寫書來與世人對話，傳遞他的理念、他的態度。

我們的內在深深期待與他人有連結。內在深知自己是這個世界的一份子，使得人自然有意願去關心世界、投入自己、參與社會，認為自己所做的事與人群相關，而把生命的意義建立於其上。

反過來說，沒有把握自己對別人能發生影響力，對他人懷抱先入為主的疑慮，害怕與他人建立關係帶來的結果，不信任群體社會，當他人接近時就有逃離衝動，這些都導致無法和他人產生親密關係。

無意理解他人或者被他人理解，習於用衝突來建立自我保護，不願意遷就群體的共識，自我意識過強，以負面角度解讀他人對自己的言行等等，則常導致人際關係惡劣。

嚴重的自閉、神經質、邊緣性格等，涉及更複雜的心靈問題。

引導自我學習建立人際關係的判斷模式

人不快樂的原因，常出於與他人關係斷裂、不良、不如自己期待，相當程度這也阻礙人發展令自己滿意的生活。內在戀人擁有調和人際關係的力量，他也有助調和自己內在眾多其他人格。「戀人」牌中出現天使便是這個緣故，需要一個超越所有人格之上的角色來居中協調，以護持你。

內在戀人能讓人產生和他人有親密互動時的喜悅和成就感，創造和他人共謀開創生命經驗的樂趣。也能讓人從人際關係的挫折與不愉快中，找到理性處理的標準，避免情緒化地去做負面判斷。

我不厭其煩重複內在人物有創造外在世界境遇的能力，因此要時時注意你周圍所發生的各種具有象徵性的事物，找到內在人物給你的線索，或者做給你的球。

我是個不善處理人際關係的人，在這個範疇我頭腦非常簡單，而且矛盾地既質樸又多疑，既自負又怕受傷，很幸運的我的內在戀人保護我從挫折與傷害中學習，卻沒有被擊倒或變得扭曲。

再者，你的愛情際遇也和內在戀人有密不可分的關係，戀愛經歷相當程度反映人與他人互動的思考和行為模式，以及人的內心對和他人建立怎樣的關係的渴望。戀愛過程是最佳的通過內在戀人的指引找到自己在尋求建立他人和自己的相對位置、最佳互動型態的出路的學習經驗。

藉由你內在的戀人來創造命運

不完美的人際關係與內在複雜個性

一個人的人際關係模式也涉及眾多人格的影響。

好比說我的女祭司讓我有很強烈的獨處欲望，使我從小便偏好和自己的內心對話勝過與別人交談。而我的教皇使我很難和群體既定行為與觀念達成一致性。我的皇帝則讓我有嚴厲孤絕、對人不容情並且拒絕和他人合作的毛病。這些看來很顯然不會讓我擁有完美和諧，親密相融的人際關係。

但是類似我這樣的情形，不怎麼稀奇。人人都有人際關係的問題。無法關心別人，無法對別人的事有興趣，不懂得怎麼去愛。朋友交不長久，越是要好的朋友到頭來越容易交惡。在群體裡不曉得怎麼搞的就是會被排斥，當要建立組織活動的時候，自己就會落單。

看起來好像很活潑，人緣很好，但事實上一個能談心的人也沒有。做事情需要有人幫助，有人支援，或者要仰賴群體戰的時候，偏偏就會發生糾紛。

反過來看別人，你很容易找到周圍有這種人，不受歡迎，難以共事，老是破壞氣氛，或者搞砸群體工作成果，完全無法溝通，自己的錯誤總是怪在別人頭上，以致於人人避之唯恐不及。

內在戀人迫使自我做出檢討

內在戀人可能會創造出人際關係衝突，或者意外美好的人際關係，或者更奇特的事件，來迫使你重新調整每個人格對待此一課題的態度，或者整合他們角色的位置。和諧、親密、愛與連結，必須同時仰賴理性的認知理解，和感性的情緒感應。從內在戀人的角度，理性甚至勝過感性。

這個論調我們可以回頭再看一次亞當和夏娃離開伊甸園的故事，脫離母體代表的獨立，也帶來自由，並面臨自由的難題，迷失的焦慮，與做出選擇的猶疑困頓。與群體產生關係能讓人產生安全感，但自由意志的問題並沒有消失。理性的建立、新的理性思考，是此時跨出另一步的關鍵。

人與人之間的理解需要理性，理性有助於我們放下成見，放下自己的立場和角度。愛一開始都是沒道理的，但真正去愛人卻要靠理性的智慧。此時無我無私並非衝動、感動，而是理性的產物。

要做到這比想像中的不容易，我過去不以為我需要內在戀人，我覺得自己很獨立，也能享受孤獨，我並不依賴別人的肯定和接受、喜愛，隨著年齡增長，我逐漸理解更深層的自己，明白人可以追求更寬廣的生命經驗，才覺悟到內在戀人的重要。

內在戀人左右生命的轉變位置

內在戀人使我重新思考人與群體之間如何去建立正確的、屬於個人獨特的價值觀念，他人對自己來說的重要性，每個人的感覺都是獨一無二的。

我的內在戀人主動為我創造出不可思議的境遇，迫使我去思考關於我的內心渴望如何與他人連結的問題，也讓我重新審視我所有的內在人格如何扮演他們的角色的問題。

尤其在人生面臨轉捩點時，一定也伴隨著自己和外在世界相對運動模式的變化，必須重新看待自己對他人、他人對自己的眼光，亦即彼此對待的方法，內在戀人給予的影響在此扮演相當關鍵性的角色。

以積極衝動帶來不可或缺的創造活力——永遠年輕氣盛的Ⅶ戰車

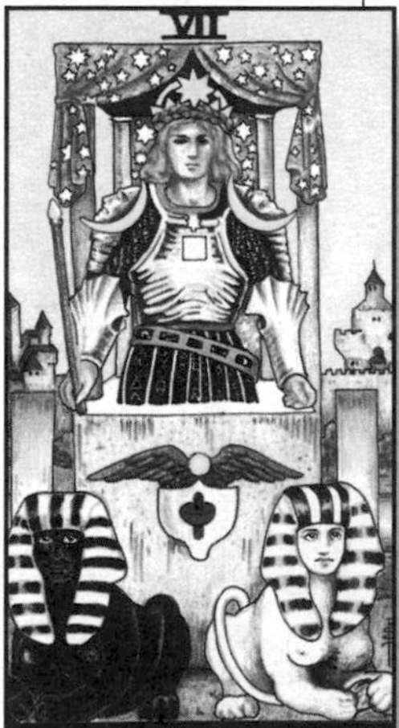

關於戰車

和宇宙至今一百五十億年的歷史相比，人類在地上建立其王國，年輕得有如初生嬰兒（真確地說只是個胚胎吧？）但人類已以他的輝煌成就、眼前所擁有的東西狂喜自豪，相信自己擁有無與倫比的力量，昂首闊步地繼續向前邁進。

這張牌的圖景呈現志滿意得的王子駕駛戰車出征，相信所到之處必為自己所征服，勝利在望。

然而，在這驕傲氣盛的前方，不難想像等著的，必定是艱險和挫敗。

亞歷山大帝的夢想帝國並不如他所願地建立，且在他瀕死時便開始面臨崩潰。日耳曼基督教王國建立後揮軍耶路撒冷的十字軍東征，最後惡名昭彰而失敗。

工業革命後人類改變了世界的面貌，科技的突飛猛進讓人類沾沾自喜，登陸月球，航向星際，能戰勝疾病，戰勝衰老，戰勝遺傳的限制，征服自然，濫用資源，自詡為地球的主人，到頭來終究發現每一件事都深藏著人類的力量不可克服的部分。

人類離開神的懷抱（也就是生命進入現世，「自我」離開「本我」），逐漸獨立，創造了自己的世界，便開始真的相信自己是世界的主宰，每日都欣喜和驚異自己神奇的創造力量，此時已不再覺察自己以及自己的世界只是真正無窮盡宇宙裡很微小的部分，並且更躍躍欲試積極地想到處施展自己的威能。

如果我們將這位初生之犢的王子想像成人類的青少年期，用佛洛伊德的眼光來看，這個階段正充滿了發育中男性旺盛的荷爾蒙分泌。佛洛伊德男性生殖優越的氣息在此表現無疑，這是一種原欲，性本能，興奮與快感的追求。

男性的性衝動、征服欲望、擴展疆域的探索欲望在此可視為一種象徵性，也就是說，這是人類生命旅行歷程中，一種年輕的陽性型態的展現。

內在戰車所掌管的機制

保有初始的創造力

為何人類在前面的「皇帝」、「教皇」的階段感覺是較為成熟的人格，到了「戰車」卻好像倒退得更為幼稚？

生命旅程從與「本我」最接近的起點，開始遠離，越是脫離「本我」向外張望、向外尋求獨立的創造，就離「本我」的智慧越遠。這就如前面說過的，「本我」必須讓「自我」擁有他自己的自由、企圖。

此時人類有自滿，是理所當然的，「本我」利用「自我」的這種自滿，給予「自我」更活潑的創造力。深思熟慮、遠見固然能使人做出較周全的行為，但是創意常需要拋開這些思考。

人深層的內在通達浩瀚幽深的智慧與無數生命經驗的累積，但是「自我」的旅行本來就是要以單純的、放任的、獨自思考的方式創造生命經驗。就好像小孩子畫畫必須用自己的想像力，他看過的東西有限，畫圖的能力也有限，就因為這樣他有他亂來的方法，是飽經世故、已經善於繪畫技巧的大人做不出來的。

因此縱使幼稚、不成熟，卻是一種創造力的源頭，不會隨年齡增長而死滅。戰車人格讓人的內在保有這樣一個初生之犢的狀態的存在。

青春期特有的生命活力

人的青少年期都有些共通特質，像是狂妄、叛逆，未出社會的少年人對現實的殘酷不瞭解，也不屑社會化所需要的世故，雖然自己知道的事情是很有限的，但沒有這種自覺，相反的以為自己什麼都懂，最聰明，最獨特，最有個性。

在此同時，人的肉體狀態也是最好的，也就是天之驕子的青春時期，因此才能有著妄自尊大的尖銳態度。雖然過於自滿，但也因此才能放膽妄為。

大人都說不能這樣做的事，孩子會偏要偷偷去做，對自己想做的事會有「為何這樣不行」、「我看不出來有什麼行不通的」，在大人眼裡也許愚蠢，但因為這樣的態度和思維，卻能做出大人做不出來的有趣事情。

由於生命的行進最重要的動能是保持活力與創新，內在戰車的任務就是運用這樣的特質使「自我」保持活潑的生命力。

許多人即使過了青春期，到了中年、初老、老年，回想到青少年時的衝勁和驕傲的莽撞，雖會有些羞赧，但多半有懷念之情，甚至希望重燃那樣的生活態度，事實上這樣的行事態度也不會完全隱沒。戰車人格並不會因為人的肉體生命成長而消失，他是始終存在的人格，他能讓人保持勇往直前的天真，雖然這種天真有點無知愚蠢，但也有無可取代的生命力。

戰車人格的形象與特質

天真氣盛的衝勁熱情

戰車人格無疑是有著血氣方剛的氣息，好大喜功。

不過，戰車人格的自負衝勁與好勝、莽撞、攻擊性還是有所不同。戰車人格與皇帝人格、教皇人格的跋扈侵略性相比，是較為天真、單純的，就是年輕氣盛。

戰車的代表人物是王子，王子出身養尊處優，配備齊全，並且急於表現，磨刀霍霍。青春本來就是本錢，擁有不經世事無所恐懼，相信自己正要大展身手的心，無論是心智上的熱情或是體力的充沛，都是天之驕子的姿態。

「初生之犢不畏虎」真是一句很好的成語，小牛犢不但不曉得老虎的可怕，而且充滿自信，才剛能跑能跳，就覺得體內一股不得了的勁兒，滿懷挑釁的欣悅。

其實人類在宇宙萬有眼中，始終如剛意識到自己有獨立行動能力的小獸，自以為自己勇武壯豪，渾然不覺外在世界有何恐怖，即使摔跤、撞上石頭，也不明白那叫做痛，牠不知道自己跑的速度、跳的高度有什麼侷限，牠只是卯起來一而再再而三的嘗試。

證明自己能力的欲望

戰車人格的天真昂揚與愚人的浪漫也有所不同，戰車人格並非理想、浪漫主義者，而較是「想要證明自己有能力」。

當戰車人格想要證明自己有能力，他想到了什麼點子，想要實際去做什麼的時候，之所以不顧及後果，是因為他根本不會朝「此事可能失敗或遭致惡果」的方向想。

這樣的想法固然出於無知，但是人永遠都是無知的，小孩比成年人無知，少年人比老年人無知，在這個領域裡經驗豐富的人在那個領域裡可能完全無知，因此無知也永遠不會妨礙一個人去衝撞他不懂的事。他並未意識自己的無知。

戰車人格常顯露出目中無難，意氣風發，世界在我手中的揚帆之狀，其志得意滿彷彿前方遼闊的世界理所當然是為自己開展的，縱使尚不知前方埋伏著出乎意料的險惡，也許自己將要做的事會帶來無比可怖的災難禍害，但從某種角度來看，太過自滿大意也比畏縮不前好。

人類集體的進化其實也是仰賴這種不顧後果的動力，它可能因無知而導致過度，走向一個破壞性的方向，但生命也自有一個調和的機制。

探索你內在的戰車人格

感受自己內在的積極性格

以現今的社會來看，積極性格終究是比消極性格被肯定。個體心理學的創始人阿德勒不認為性格是天生的遺傳，而是產生於社會性，個體在謀求適應群體關係的過程中建立自我定位與行為方式的態度，換言之，是人為了建立自己的存在而養成的。

阿德勒主張在兒童尚未遭遇社會壓力的時候，教育者應注意避免他們在社會化過程中，為追求自己想要的結果，而造成性格的往負面性偏差。阿德勒將人的性格從障礙反應分為樂觀與悲觀、攻擊與被攻擊的類型。

縱使對於人的性格究竟是如何形成，阿德勒的說法未必正確，但人與群體互動的經驗確實會影響性格改變。

人的內在是豐富的，蘊藏無窮盡的可能，各種瑰麗型態的內在人物於其中運作，但是表面的「自我」集中注意力於應付社會生活，會隨著順應社會生活的目的而調整。

內在戰車看來頗符合阿德勒的性格類型中樂觀主義者與攻擊性人格的特性。縱使你的「自我」傾向消極性人格，看事情充滿不安全感，也不信任自己的能力，容易怯懦，總是先想到困難、打擊和失敗。但你還是有一個內在的戰車人格，他是不會自我貶低、消沉退卻的，他不太把障礙當一回事，總是抱持躍躍欲試的態度。

浮誇與戲劇性的英雄主義

多半人在青少年期會較受戰車人格的主導作用，相當程度平衡內在其他的內向性人格。之後就如阿德勒的論調，適應群體互動與社會化會造成某些挫折和困難，可能內向性人格變得居於優勢，但逐漸有可能慢慢由其他外向性、進取性的人格躍居台前，發展出較有建設性的平衡。

戰車人格與較具智慧的深層人格有些距離，「自我」會看見受其影響的一些幼稚、眼光短淺、眼高手低的痕跡。戰車人格本身看不見他自己的錯誤認知、盲點和侷限，他會帶來膨脹效應，也就是不實的超越感，這種感覺非常爽快，具有讓人滿足的快感，你多少可以憑藉這一點感受你的戰車人格在作用。

戲劇性華而不實的英雄主義也頗符合戰車人格，傳統的英雄故事裡主人翁的性格單一、價值觀念狹隘，豪邁瀟灑又所向無敵，非常讓人陶醉，多半人的內心都存有這種自我幻想。

戰車人格會帶給你一些意氣風發的夢境，那些夢會帶給你滿足的快感。我曾經夢過自己是首屈一指的神偷，健步如飛地在屋頂上飛越行走，馬路邊的牆壁上貼著懸賞我的告示，其實這是我的戰車人格自我陶醉在他的矯健、不凡、受矚目中的顯像。

重回青春期的感受

我們說「自我」有時會有不明來由的一股衝動，可能是內在人物的作用，因此鼓勵人試著聽取自己的直覺和衝動，那帶來深層的智慧的引導或不同的性格、行為模式的作用。

但是戰車人格本身就是衝動人格，這是很有意思的，人隨著年紀慢慢增長，很多事就會開始謹慎，隨著時間流逝更多，就變得更要取捨，很多理想不得不放棄，因為有解決不了的困難，因為權衡之下不可能什麼都不放手。但是戰車人格保持在類似青春期的不知天高地厚狀態，戰車人格會隨著「本我」調節「自我」而創造出的一些生命轉捩點適時做較強的顯化，讓人感覺自己好似重回青春期。

運用你內在的戰車人格增益生活

從積極同伴感染活潑態度

如果比較和抱持樂觀積極態度、凡事看法正面的人相處，與和凡事悲觀只看負面的人相處，前者感覺比較適意吧？

重點是哪一種能使人萌發創造欲望。有些悲觀主義者有一種特別的魅力，悲觀使他們萌生另外一種創造性，如果悲觀的思想能形成創造動力，那麼這其實不算消極人格。

而總是用負面態度想事情，凡事被動，先說不可能，這種人一定會讓人敬而遠之。

同樣的，自己的內在人格裡面，也是樂觀積極的人格會讓人感到開心、有活力，意識到自己的存在。

內在人格是你的一部份，你也可以把他們想像成你的友伴（畢竟他們風格跟你大異其趣，知道你不知道的事，有時你很難把他們當作你自己），時間久了你會覺得你較喜歡誰，較樂意親近誰，較傾向誰來增益你）。

每當我自己和別人大談我的新計畫（老實說，很多都是空談，最後要麼沒開始要麼無疾而終）時，是我少數能確實體會何謂快樂的時刻，我非常享受這種感覺。我也喜歡友伴暢談自己的雄心壯志。

先不說具體實行的方法，這種正面往前衝的出發心態是好的。

一展實力引發創意

我們說過了戰車人格有展示、炫耀、證明自己能力的欲望和衝動，戰車人格自我感覺良好，換言之，他讓一個即使能力普通、各種條件平庸的人也能自覺優越、前途無量，縱使這聽起來有些癡愚盲目，但卻是很好的動力。

我舉個例子，許多人都夢想中彩券，天上掉下一筆億萬大錢，但是你若當真想像有這筆錢你要「立刻」做什麼？不是「解決了一些經濟困難」，不是「從此生活有保障」，不是「物質享受水平可提升」，而是你要迫不及待地、即刻利用它做出什麼事來？戰車人格所想的是立刻能讓他的自信、自滿得到實現的行動。

只有如此才可能發揮高度想像與創意，真正的充實「自我」和「本我」想要的生命經驗。

理性智慧人格的輔助

另有一種狀況會使戰車人格易於顯化，就是乘順風車。

人在看似一切順利的時候，總是會錯以為永遠會如此，這一點事後看或者從旁觀者眼中看來，都是很不可思議的，但是當局者迷。

此時缺乏理性，一味讓戰車人格帶著往前衝，到頭來會發現要麼翻車，要麼飛馳根本就是假象。

好比說一時工作順利，收入還不錯，就跑去買了超過能力的昂貴東西，結果無法負擔貸款。看起來好像受到肯定，得到眼前的成功，就開始自我膨脹，改變態度，以為世界會從此繞著自己轉，但情勢往往在自己沒察覺的情況下，措手不及地就急轉直下了。雷聲大地敲鑼打鼓，後來狀況百出，結果雨點小地草草收場。

「自我」缺乏實際能力，戰車人格又很容易讓「自我」疏於接觸其他較深沉穩健的智慧型人格，現實裡習於這種行事模式的人，往往肆無忌憚地捅了許多爛攤子後一走了之，留給別人辛苦收拾善後。

藉由你內在的戰車來創造命運

讓自己保持年輕狀態

「戰車」的一項重要屬性是「年輕」。不是實際年紀的年輕，而是這種素質就是「年輕」本身的特徵。

因此，如果你確實也還年紀尚輕，好好利用你的內在戰車，你可能會遭遇危機、打擊，但千萬不要退縮不前，你有足夠的本錢承受傷害，且那會使你成長，對你來說非常重要。我建議年輕人萬不要放過內在戰車給你帶來的挑戰。

內在戰車是一個不甘被壓抑的人格，如果你在理當氣盛的年紀過份拘束自己，謹慎小心地當個乖小孩，可能在某個年紀以後，內在戰車會像不定時炸彈般冒出來想一展身手。

若是你已經不年輕了，內在戰車顯現的（不成熟的）衝撞性格會與你有點不協調，但你依舊可以好好善用他，把他納為適合你的一個有助益的人格。

尤其是，生理上的衰老是不可逆反的，但心靈卻不受時間限制，不受物質定理限制，而物質的顯化是心靈的投射，有些人到了七、八十歲還能保持戰車的昂揚狀態（呃，這也許會讓你聯想到性能力，的確，戰車包含這個特質），內在戰車確實能讓你有一個良好的外在狀態。

內在力量和隱者是好搭檔

戰車有勝利的意味，就像出征前帶領軍隊的將軍會慷慨激昂地精神喊話，好像勝利唾手可得，你可以善用內在戰車的這種激越力量。

至於內在戰車的不足、缺失處，則需要借助「力量」與「隱者」，這是後面我們將要解說的兩個人格。

「戰車」的空有意志，能力不足，要靠「力量」來彌補，「戰車」的少不更事以致於缺乏智慧、方向，則要靠「隱者」來支援。

積極性格仰賴創造欲望

想像力、創造力需要積極衝動，反過來說，積極性也仰賴創造欲。我自己若處在缺乏創造衝動的狀態就會消極，甚至感到迷惘。

我經常提的創造性，並不是指表面上的從事創意工作，或者讓生活充滿創造力而已，我指的也是創造命運、機遇、（我們以為不能掌控的）外在世界的變化，這些來自內在的創造動能，在生活上有具體的創造欲望，對生命經驗的開展期待更多變豐富的可能，凡事以包容和創造作為核心、基礎、出發，內在才能做出相符合的對外在的操控。

前面提了關於中彩券，是個例子，不妨用你的戰車人格來想想你為何要創造這樣非凡的機運，才能製造出它的可能性。

強化你對外在世界的應對與操控——宛如馴獸師的Ⅷ力量

關於力量

「力量」是人夢寐以求的，它是讓人壯大的憑藉，無論是使人身或心更強壯，或者能得取勝利、權力，或者更高越，立於他人之上，立於外在的阻礙對抗之上。

而「力量」這個詞讓人聯想到的多半是原始的、粗獷的、凶猛，一個手無寸鐵的人在野外遭遇熊或者獅子，會自然感到恐懼，這是一種原始的力量懸殊的對峙。縱使我們明白以小可以搏大，有時弱勢者也可以扳倒強勢者，但人本能會對較強的對象產生臣服感。

微妙的是，代表「力量」的這張牌上，制伏獅子的卻是一個女性的形象。

「力量」的意象如獅子，獅子是原始、粗獷、凶猛，令人畏怯的象徵，可是在此牠是被制伏的一方，制伏牠的是一位看起來溫柔、冷靜、高雅的女性。

這位女性的型態，既非是天使，也非人類，而是天使的人形。這意味她並非表面的「本我」，而是與「本我」有連結的部分。

圖面也顯示這個女子並非以武力、暴力制伏獅子，而是以柔克剛。同時你也可以看到她降服了獅子，讓獅子低頭，但既非殺死牠、也不是擊垮牠，換言之，這是一幅馴獅的場景。

若你看過馴獸師與獅子的表演，就能明白，獅子的危險性並沒有降低，牠依舊保持獅子的本性，牠的利爪、牙齒和碩大的蠻力，而馴獸師則要讓依舊凶猛和有武力、具威脅性的獅子持續聽從其指揮，為其所用。

這就是真正的力量。

從中也可明白，政府的政權若要持久穩固，以暴政或愚民的方式都是行不通的，對人民以及其環境，除了要能掌控現實利害，還要有足夠瞭解和溝通，很重要的是教育，且出於無私之心。

獅子既代表內在原始的兇暴力量，也同時是外在險惡的環境，別忘了二者本就是互為表裡的相互投射。

內在力量所掌管的機制

因恐懼而希求力量

人為何崇尚力量？因為人都有恐懼。對於自己所不可掌控的事物，比自己強的，有可能傷害自己的人或事物，甚至是不明所以的，無法想像的，眼前不存在的，也會懷抱不安。

在前面幾章我們說了人類在生命旅程上打造了自己的王國，也得意自己的成就和能力，然而，越是相信自己擁有力量、欲求越多，越發會領悟到自己不能掌握的事物的存在。換言之，自信、自滿的同時，懷疑和恐懼也會增加。

而個人生命上，隨著現實經驗增多，也不會因為自己成長、知識增加而降低恐懼，有了自己能掌握一切的自信，反而越發相信大多數的事物都是自己不能左右的，危險、變故、打擊、不幸、暴力隨時會迎面而來。人既無法左右他人，也無法左右兇惡的環境，並且不明瞭原因為何。

建立內在與外在的力量對峙

我們強調外在環境也是由內在心靈所創造出來的，因此越是抱持恐懼與不信任，越加強了所恐懼的事物的實體化。

其實所有內在人物都等於是雙面刃，他們掌管的機制全都在協助「本我」於外在的創造，他們的作為都是中性的，他們不存有好和壞的差別標準，因為他們並不依循「本我」所依循的人為社會價值觀。

所以造就出傷害性的險惡環境是經過內在力量，而激發出反制環境的力量的也是來自內在力量。

無論是情感、衝動、智慧、思想、經驗、技能，都是力量來源，而力量也會演變成同樣的形式（情感、衝動、智慧、思想、經驗、技能），以及化身人物、事件、天候、環境態勢等各種形貌。內在力量人格主管的就是操控各種力量來源，把力量的原質轉變成各種形式，協助「自我」對力量的使用。

內在力量可以視為力量本身，也可視為更高一層次，擷取、駕馭、創造、轉移力量的力量。內在力量可將內在、外在各種力量形式做相互交錯的轉移，以建立一個動態的平衡。

力量人格的形象與特質

無限制、無止境的巨大力量

如先前說的，人因恐懼崇尚力量，因此對力量的想像多半是強烈、暴力、破壞性的。

一般人的認知觀念也認為負面情緒的力量較強大。負面情緒所造成的力量多半是破壞性的。破壞本身就被視為強大。

再加上破壞、攻擊、傷害所帶來的快感，讓人以為這是強大的力量。

但事實上，破壞非常容易，建設才需要更大的力量。破壞非常簡單，遏止破壞、轉化破壞才需要更大的力量。

質能互換的公式$E=mc^2$讓人意識到這個轉換在破壞上的威力，卻不知覺逆向是同等可觀的力量。物質世界萬事萬物的生成都與這個方程式相同，一個微小事物在物質世界誕生（看似那麼輕易、尋常）所需的能量，出乎我們能想像的巨大，一朵花盛開的能量轉換不輸於一顆原子彈爆炸。

換言之，力量的強弱、大小，與破壞性，與它的表象無關。要認識力量人格，必須先認知力量的本質。

內在力量其實取之不盡、用之不竭。

力量人格的沉著性

當我們去想像力量人格的形象，他決不是像拳王泰森那樣粗暴、瘋狂，相反地力量人格冷靜沉著，他的大力量不反映在表面，就像力量牌上的女性，你看不出來從容沉靜的她有比獅子更大的力量。獅子也是力量，但駕馭力量、操作力量、掌握和引導力量是更強的能力。

力量的使用會有正反不同的效果，原本是正面的力量，逾越了界線，就變成負面，前面我們在阿德勒的理論中曾約略提到此（兒童的人格養成過程應注意的）。進取和企圖心過度，就會演變成攻擊性。原本善意的情感過度則會變成嫉妒、猜忌，甚至衍生恨意和報復心。

駕馭力量的方法，若以武術為例，運用身體的蠻力去打倒敵人，是視敵我不兩立，但合氣道之運用氣，卻是與對方納為一體，敵我不分，敵在我內，將其融合分解，擊破整合，便可操縱自如。力量運作的道理也是如此。

力量人格善於轉換兇惡、破壞的勢力，變為創造力，這一點往往讓力量人格的展現讓人傾倒。

探索你內在的力量人格

力量從何而來？

身體上的力量可以靠肌肉和體能的鍛鍊來增強。心智的力量可以靠知識、經驗的汲取，並且如同鍛鍊身體般，從挫折、嘗試，跌倒再爬起來逐步增強。

然而，這可能只是皮亞傑或者阿德勒所言的一種人格發展的模式形成，它只是逐漸調整了你的人格面向，有如戴上面具或者穿著護衣而更懂得因應現實環境，更能解決現實遭遇的問題。

但根本上的茁壯是學會操作內在力量。

如果能感受內在是壯大的，自然覺得自己擁有力量。

我自己常常做一種試驗，在運動時，特別是鍛鍊肌力、做重量訓練的時候，分別以運用內在力量與不運用內在力量來比較，前者會產生非常驚人的效果。

心理學上這沒什麼特別奇怪，被廣泛解釋為心因作用，不過這種解釋只適用在很侷限的事物上，內在力量的運用卻不止這些小小的層面，你所能想到的施用層面都可以嘗試。

覺察其他負面力量的人格

先前曾談到破壞力量讓我們感受到強大，許多內在人格協助我們進行許多創造層面的事，但我們的內在也有掌管破壞的人格。在創造層面上我們的積極人格有些具有戰鬥力、攻擊性，但目的都是創造，雖然有些會帶來不少麻煩、困擾，但不至於有威脅性、重大的傷害性，我們也不那麼感受他的狂暴。

但我們另外有一些屬於破壞層面的激進人格，那可能來自從「自我」壓抑下來暫時隱蔽的部分，當這些人格把持住「自我」的信念時，可能會以具體性的嚴重傷害形式發生在身體、心理上，甚至表現在外在世界的遭遇。

有關於這些負面的、破壞性人格的討論，不包括在這本書裡，因為他們大多來自其他源頭的原型，在這裡只提醒你他們的存在，在我們心靈扮演重要角色。要與自己內在的破壞力量對抗，是很不容易的事。然而，一個人必須自己面對自己的這個部分。「力量」揭示了這個課題的重要。

由於其他負面情緒力量的人格較容易覺察，可以用此方法探索內在力量人格，想想你最常為怎樣的情緒所苦，最常咒罵的遭遇是什麼，什麼事情會激化你產生強烈的、盲目的破壞衝動，然後想像一股更強的力量與之相抗衡，他既強健，又具有智慧、沉著、堅毅，對他而言，鬧情緒的負面人格只是小丑跳樑，這樣的想像幫助你挖掘內在力量人格的存在。

如何運用你內在的力量人格增益生活

克服恐懼與自我懷疑

恐懼是很強的負面力量，其威脅作用往往超乎人們所想，我們以為那不過只會發生在某些膽小鬼身上，其實恐懼在每個人內在都形成可觀的負面效應。

人往往受到許多價值邏輯操縱而不自知，恐懼有時加在人身上的束縛，猶如惡鬼一般，如果你對自己的心理缺乏深入探索，可能不知道自己被罪惡感、規約的束縛、對現實和常理錯誤的想像所綁架，已至動彈不得的程度，最終導致自我實現欲望喪失，這幾乎等於走向毀滅。

自我認知有偏失，也就是自己對自己的描繪和真實的自己、自己所具有的可能性，是有很大落差的，這些都相當於「自我」的失能。

這是力量人格最需要發揮效用的時候。人在緊急狀態時突然發揮的驚人力量或反應能力，從生理上可找出諸如腎上腺素分泌之類的原因，但其實還有許多類似的更複雜的效應。不管人能不能賦予它一些生理、物理的解釋，把它看作內在精密運作的結果，並沒有壞處。

還是那句老話，你必須信任你的內在人格，才能讓他們發揮力量。

掌握與利用外在環境

光是想像內在人格，召喚出內在人格，只是侷限性的運用，隨著我們介紹的內在人格越多，不難發現內在的樣貌也更透露得更多，可慢慢著手建構一個內在藍圖。「本我」和內在溝通，瞭解內在樣貌，有助創造外在世界。

內在力量人格能給予你力量，反過來，你也能幫助他更形壯大；你除了仰賴力量人格本身的超越性，也要和他相互滋養，把你獲得的外在知識和經驗與他交換。

榮格詮釋煉金術過程為人的「個體化」過程，就是「本我」和「本我」（心靈的整全）的整合，古老煉金術要完成需經過「合體」（coniunctio），「力量」是一個較具體的內外交流人格，因此生命歷程的「力量」階段，很有「合體」的意味，亦即「本我」和潛意識接觸後進行交流、轉換、同化。

你會從自己的生命經驗體會到，審視內在、尋找和練習和其搏鬥的方法，而不是外在的意志或身體的鍛鍊，才是成就力量的關鍵。在這個過程中「本我」的確就和馴獸師一樣，感受到充滿艱苦和危險，並且需要時時提防內在猛獸的反噬。

當你學著當個馴獸師的時候，會意識到你在利用內在的力量人格。

在現實中創造強壯的自我形象

內在人物所具備的一些令人傾慕的特質，也其實是你所具有的潛藏特質，既是你認為美好的，也同樣是你會希望展示給別人看的特質。

內在力量有助於你的心靈變得更強壯，避免它朝向扭曲的傾斜發展、帶來現實的厄運，也使你能變得更能掌控自己各層面的發展。

將內在力量的人格與「自我」融合，使「自我」在現實中展現力量人格的魅力，並且記得分辨那是真正具有內在力量還是自我膨脹現象。

藉由你內在的力量來創造命運

化解負面情緒造成的災難

對眼前的局面進行抽絲剝繭，看看牽涉到哪些內在人格造成的效應，並且留意負面情緒人格。很多負面情緒人格很原始，難以馴服，他們就跟大自然最狂野的力量一樣，有時會發生不可控制的暴走。

我見過累積了強大內在負面能量的人引起的不可思議結果，他們可能呼喚出很慘痛的災難。

利用內在力量人格的方法是馴服負面能量，將之轉換成創造性。

力量人格雖然顯化為非粗暴式的女形，但她跟仁慈、寬大不同，她並非以慈善、悲憫來制伏野獸，的確她可能用到懷柔方式，但那建立在她和對手進行對話的需要，她是沉著冷靜的力量，這種力量剛柔並濟就如合氣道一般。

力量人格企圖馴服對手，雙方對峙的過程往往優勢互有消長，即使猛獸暫時被壓制，也可能伺機反撲，但是當力量人格勝利的時候，「本我」可能頓時有強烈的茁壯感覺。

「力量」位居榮格煉金術的重要階段，「力量」若能達成有效完整的轉換，可說是人格進化的一大勝利，掌握命運的能力也更強。

馴服險惡的環境

馴獸師真的是一個很精妙的意象。

近年有許多醫學上的說法，說面對一些險惡的疾病好比惡性腫瘤時，不應該視為除之後快，而應試圖學習和它共存。這確實是正確的方法。腫瘤根本就是自己的細胞，是自己的一部份。視為惡敵除卻它，可能除之不盡，它可能再生，變得更強大。

人類的醫學至今對癌細胞不理解，事實上人類對正常的細胞也沒理解到哪裡去，這與人對自己內在心靈的結構不理解是一樣的道理。更遑論去理解內在與外在聯繫的關係。

內在有許多自己不明瞭、未曾去接觸、也不知如何掌控的地方，外在機遇更是讓人不理解、不能操縱，兇惡的環境、遭遇，不想要的經驗，不斷強壓過來的厄事，或者令人窒息的絕境，都像癌細胞一般，令人想要割除、消滅。

但這些都像猛獸般，試圖將其殺死、滅絕，是荒誕的想法，你要做的是去理解牠、馴化牠，讓牠聽命於你，和牠共存、共事，甚至反過來利用牠的力量。

此時，或再度面對緊張、不順遂、痛苦惡劣的際遇時，想像它是猛獸，馴獸師是如何馴服野獸的？用類似的方法去面對。並記著外在環境也是自己心念的一部份，你比你所想像的更理解它。

即使你無法靈活利用自在力量大幅度去轉換你的際遇，也有辦法因此順利度過難關。

指引你走向適切的生命道途——
隱身世俗幕後的嚮導 Ⅸ 隱士

關於隱士

隱士頗符合榮格的「智慧老人」原型。榮格在童年時候即與他內在的「智慧老人」原型接觸過，終其一生受到「智慧老人」很多指引。若說是「智慧老人」引領他成為後來的精神分析學巨擘甚至不為過。

「隱士」牌的圖面是老人提燈，示意尋找人生的道路。這裡提供了一個非常重要的暗示，生命狀態並非巧合、機率、無意義，毫無頭緒的一場偶然。萬事萬物交織成緊密關連的網，而生命背後有其設定的藍圖，哲學家思索生命的意義為何，當中有些甚至認為可以斷然結論生命本來就沒有意義，何必尋找？問題是，沒有人要求哲學家去找出生命意義的答案來，這不是人類交給哲學家的委託案，只不過人們以為哲學家是能提供這個答案的人。

如果哲學家認為生命沒有意義，是虛空的偶然，何不想想那又為何有人看他們的書？

是的，是人們自己想知道。哲學家以為只有他們這種（特別的）人才想這個問題，事實上幾乎每個人在孩童時代都曾想過最基本的哲學問題：我為何是我？我是誰？我為何誕生於世界？

人自然有焦慮，自然有痛苦不安，有虛妄徬徨，想要證明生命有意義，想要證明自己的存在不是一場空，這是人天生的欲望。

「本我」本來就為你設定了一條路。當前方黑暗的時候，你需要一盞燈。

隱士與女祭司都能給予「自我」來自「本我」的智慧，不過，隨著人的生命之旅逐漸從靈性精神世界往物質世俗世界移動，專注力也逐漸凝聚在應付世俗生命所需，隱士給予的智慧與女祭司手中的宇宙奧義和萬物本質不同，更有人世之路的味道。

內在隱士所掌管的機制

為人世生活傳達內在指引

人以物質生命的形式離開靈魂的母體，經歷物質世界的生命經驗，或者說「自我」離開「本我」獨自應對外在的環境，都不會被母體完全丟棄不顧。我們說過了，「本我」始終會給予「自我」指引和協助。

但是「自我」需要知道轉向內去取得這樣的助力，「自我」不習於閱讀、轉譯「本我」顯現的各種提示，當然會感覺辛苦、孤立、怨天尤人，認為人世生命是痛苦而沒有樂趣的，世界是醜惡的，生活和努力是徒勞的。

本書所提到的所有內在人物，都能給「自我」指引，各自掌管的機制不同，當「自我」走在其選擇的路上，面臨各種問題時需要的智慧、力量，都可以求助內在人物，但是「自我」也會面臨不知該如何選擇要走的路，或走錯了路而不知正確的道途，隱者可以作為「自我」的指路人。

隱者的位置在命運之輪的前一階段，暗示了「自我」面臨的生命道途轉換的挑戰。

以內在抽象或外在具象的方式引導

依舊如許多其他內在人格，內在隱士也會投射至外在人物身上。你周圍可能出現某個具有隱士作用的人物，扮演為你指路、給你導引的隱士角色。他其實來自你的內在。聽起來有點不可思議，但並沒有什麼不尋常，每個人的內在最深處都有連結。

因此你也有可能擔任他人的隱者角色。

生命歷程面臨轉變點時，內在會發動的影響力非常多而強烈，會把「自我」拉向適合他發展（謀求「本我」期待的生命體驗）的方向，當「自我」茫然、迷失或者受困，內在發動的影響力除了驅動「自我」去衝撞的力量，也通常伴隨隱士具體顯化的指導。

隱士人格的形象與特質

累積生命經驗的活書與活地圖

「隱士」以老人的形象來表示，意味生命閱歷豐富。

古時候的書籍不普遍，獲得知識不易，老人就是活書，因此老人有很高的價值，受到崇敬。但是今日知識傳播簡便，資訊流通快速，是資訊爆炸的時代，人人可以在瞬間擷取想要的知識資料，無論是多偏門的領域，無論你身在何處。反而無法跟上時代變化快速腳步的老人，被摒棄在角落，不再被認為有什麼價值。

然而老人所擁有的生命經驗與這些經驗累積的智慧，並不是書籍或網路上的資訊所能提供的，真正從生命得到的教訓，實際與生命挑戰碰撞而得到的醒悟與心得，才是真正寶貴的東西。

到處都有唾手可得的地圖，可是當你實際迷路的時候，當你發現眼前是一片黑暗的時候，當你怎麼走都重複回到原點的時候，地圖沒有用，能幫助你的是一位好嚮導。

當你需要好建議的時候，你會發現你需要的不是象牙塔裡的學者，而是有實際經驗的人，有人能告訴你真正的生命體驗能給你的是什麼。

內在隱士累積古往今來的生命經驗，就如智慧老人，能提點你所需的靈光。

指引方向而非直接給予答案

隱士是能讓你明白怎樣是白走冤枉路，怎樣從錯誤和代價中得到教訓，怎樣做出好的選擇，怎樣會導致無可收拾的毀滅的人。

賣弄知識的人，唱些毫不實際的高調的人，說一回事自己做是另一回事的人，自認博學其實眼光短淺的人，都不是隱士人格，這些人也不會帶給你任何真正有用的東西。

直接告訴你答案就是什麼，而不告訴你如何思考、如何尋找的人，以為萬事都可以用很簡單的法則就以偏蓋全的人，也都不是隱士人格，這些想法只會誤導不夠聰明的人。

「隱士」代表指引，「隱士」也代表尋找，「隱士」不是直接把你牽到目的地的人，目的地是你的，「隱士」提供的智慧和指引是協助你超越現在的狀態，走出現在的瓶頸，用有效的方法，走最適合你的路。

如何探索你內在的隱士人格

來自不曾有過的閱歷的智慧

你一定很好奇不解：如果我本身的閱歷有限，我內在的人格怎會有超越我的生命經驗？如果我自己年紀很輕，我內在怎會有很老的人格，擁有比我的年紀多很多的生命教訓和體會？我從來沒碰過的事，我內在怎會知道那會帶來怎樣的結果？

「隱士」是一個人格原型。依照榮格的說法，來自集體潛意識，也就是說，他是古老的人類集體意識，跟著遺傳因子儲存在你體內。

換一個解釋，你的內在有你自己的古老靈魂，當然比你自己的閱歷多很多，活過很長很長的時間，不僅是如此，它也與其他無數的古老靈魂連結，透過這個內在深處的網絡，你就像在實體世界上網能觸到任何一個角落任何其他人送出的訊息一樣，獲取任何時空的智慧結晶。

現今人類其實大肆在運用「二手經驗」，二手經驗非來自一己親身的，但我們常常把書本、電影得到的經歷視為真實，好像我們真的經歷過那麼一回事，從各種媒體得到的資訊，閱覽他人的經驗，使我們自身經歷貧瘠狹隘，卻瞭解了各式各樣其他的生活、文化、遭遇、情感，不管他有多浮面、簡化、不真實。

如果我們連從這樣的網絡得取的經驗值都不覺得有什麼可怪，那麼從內在網絡獲取經驗值也是類似的情形。

習於找出象徵

依舊要注意的是，隱士人格並不是以直截了當的言語給你訊息，他通常透過象徵性的方法，你要習於找出它們。

有關於如何解讀象徵，首先，要建立關於象徵的概念。

人類習於靠詞語來連結「能指」和「所指」，中間存在著文化上約定俗成的對應關係，而我們解讀象徵的時候，靠的是對應關係的搜尋，直覺也是非常重要的。

我舉一個例子，有一陣子我處在外在境遇很讓我痛苦、挫折，無法解決、無法掙脫的狀態，我雖然很努力思考、調整，找出應付的辦法，卻很容易就失之過份情緒化來面對。我一直是理性強烈地壓倒性勝過情緒性想法的人，但這段時間意外地讓我體會原來情緒性牽引人的思考是如此的狀態，讓我感到新奇，但也過份衝擊以致於無法控制。這時候發生了一件有意思的小事，我的車子莫名其妙右邊的前後車窗故障不能打開。過了一段時間，我終於讓自己回到理性狀態找到方向，突然間右邊的車窗也恢復正常。

在俗成的文化概念上，左邊意味潛意識、直覺、感性，右邊則是明意識和理性，右邊車窗無法打開，可以解讀為「無法打開理性視野」、「無法看到理性的風景」。內在人格無時無刻不在使用這類象徵性的符碼系統來傳遞資料。夢境也使用這樣的系統，你如果習於拆解，能獲得非常豐富而令人吃驚的有用訊息。

運用你內在的隱士增益生活

幫助自我有效率地學習和成長

內在隱士是你的引路人，他會為你照亮前程，但做出選擇的人還是你。有些人會漠視內在隱士的指引，或者執意選擇不同的道路。不過，岔路即使走得遠，內在隱士還是會盡責地希望引領你走回該走的路上，那是你的「本我」的期待。

有時候你會把自己的內在隱士投射到外面，也就是實體世界裡的某個人身上，要小心判讀你從其人身上得到的訊息是否真的對你有益。出於移情作用你可能把外在的某個人當作你的「隱士」，有時會發生對其人的建議照單全收的危險。

前面亦說過，內在隱士投射到他人身上，以致於內在隱士要給你的訊息藉由他人來轉達，也是有可能的，此時這個現實世界裡的他人與你的內在隱士有連結，並不是一件奇怪的事。

但別以為隱士的智慧會讓你一切順利，以為好像武俠小說裡有絕世神功的老人傳你祕笈絕學，你就變了超人，或者二十年內力平白灌到你身上，你便所向無敵。生命道路一定有波折考驗，但如果你無法識別它的功用，當然就會跌得很慘，繞路一大圈，白忙一場，痛苦萬分卻不得其門而入，隱士幫助你有效而較平順地學習和成長，獲得成就。

給予生命道途的智慧

榮格的「智慧老人」兼具了「女祭司」的身份。「隱士」既然叫做「隱士」，也有脫離世俗的特質，但女祭司不碰塵世，置身在最深處的內在世界，提供的是靈性的奧祕，因此超凡脫俗；隱士給的是生命道途上需要的智識，以豐富的生命閱歷之姿，隱退於世俗之後。

「女祭司」人格引你向內探索，對世俗欲望會降低，轉而追求心靈層次的發展，「隱士」則是讓你更正確地走向你的生命道路。有時候你的生命藍圖的設定，就是往內向發展，那麼女祭司與隱士的指引就會一致。但是往內向心靈層次開展，未必一定離群離俗，隱士也可以教導你大隱於市。

隱士自身雖是隱士，並不會要你也鄙視俗世，與許多其他內在人格不同，他不會用自身性格去同化你，而是以一個客觀的眼光看你。

藉由你內在的隱士來創造命運

以客觀眼光來超越世俗

「隱」字並非反世俗，而是從世俗經驗至拉開與世俗的距離。

如果你追求、嚮往世俗成就，也不妨記得，世俗成就越高，其實也越是超越凡人。縱使是握有權勢名利，上位的心態與下位也有距離，坐在越高的位置，差異越遠，越脫離基本的俗世概念，生活在金碧輝煌的宮廷裡的國王，可能對普通人的世俗生活一無所知，不懂柴米油鹽，某種程度等於是「不食人間煙火」了。

當你從自己的企圖、欲望、目標出發去看隱士的位置，是一種眺望，也帶來對自身更高的期許。

人越是明白世俗世界的法則，愚昧者耽溺其中，但有智慧的人相反，越是看清遊戲規則越會超越它，而這能讓生活更從容。

信任本我派遣「隱士」的指引

但「自我」有可能處在「迷途」嚴重的狀態，偏離「本我」設定的道途，「全我」安排讓內在隱士來指引你時，你可能會感到很大的衝擊與徬徨，對於遵照隱士的指引感到猶豫不安。

隱士此時會以很多不同的形式出現，給予你訊息，什麼該接受，什麼不該接受，「自我」不盡然有自信做出判斷。尤其此時遵照隱士的指示，可能引起很大的風暴，這是先前偏離主航道太遠的緣故。

在榮格學說裡，當「自我」要轉與「本我」的方向調和時，也常常會面臨衝擊、傷害，付出代價，但這都是生命的必然。

不要害怕此時發生的變化，隱士不會造成你真正的傷害，你面臨的傷害都只是表象，但切記最高的指導原則是完成你對生命價值、自我完成的追求，將你的生命能量發揮到極致。

「隱士」現身指引，造成生命走向其實現，引發很大的轉換，堪稱重大生命的轉捩點，啟動生命下一個階段，就是下一章我們會談的「命運之輪」。

轉變你命運方向的巨大力量——
開啟生命新局面的 X 命運之輪

關於命運之輪

生命旅程的腳步是不會停止的，因為每瞬間我們都在為自己創造生命的圖景。因此生命的圖景也不可能一成不變。

每段旅程我們會給自己設定一張藍圖，就好像畫家畫一幅畫是完全自由的，但好歹他得先知道自己要畫什麼。就算他只打算信筆塗鴉。

有個挺有意思的名詞，叫做「運勢」。人們喜歡「知道自己的運勢」，何時有「好運勢」，何時有「壞運勢」。命運其實沒有好壞，只有你想朝什麼方向跑去，以及開啟怎樣的局面。

當你想轉動它時，天地萬物將投以協同之力。

歐洲在經歷了過去被稱為黑暗時代的中世紀前期，宗教操控政治與社會，專橫無道，教會貪污腐敗，與封建制度的壓迫，科學與文化發展倒退，之後開始了文藝復興時期，哥倫布發現美洲大陸，馬丁路德引發了宗教改革，但隨後也發生了慘酷的新舊教戰爭，持續了一段時間的恐怖時期。

到了十七、八世紀，人類文明最重要的轉折發生了，這是命運之輪啟動了人類命運的新機。那便是啟蒙運動。

思想家們提出以理性、寬容的態度看待世界，相對於舊時代的價值觀念，這是非常具革命性的思想，無論是看待人或自然界，理性主義改變了人們的眼光。牛頓發現萬有引力的定律，科學啟迪了過去宗教迷信的無知，君權神授與封建制度受到質疑和挑戰，自由與平等的原則被建立，人們懂得維護自己追尋真理與思想自由的權利，引發了後來的民主運動，包括法國大革命與美國獨立戰爭。

「命運之輪」是Major Arcana第一個大循環的結束，第二個大循環的開始，此後進入新的篇章。

內在命運之輪所掌管的機制

推動命運轉變的樞紐

生命如流水般行進，時刻沒有停歇，不過我們所謂的「命運之輪轉動」指的是命運的新章開啟的動作，換言之，生命經驗的方向在此面臨一個轉變。

「命運之輪」轉動是生命非常重要的階段，「本我」規劃了藍圖讓「自我」在這個主題下進行生命的體驗，但是「自我」對此是不知覺的，否則一切就變得太虛假了。這就好比你在虛擬世界裡玩遊戲，你知道死亡是不真實的，傷害別人或自己受傷都只是遊戲而已，你就不會認真地看待它。而「自我」很認真地進行這場冒險遊歷，卻可能因為不知道自己所要學習、經歷的主題，以致迷失了方向，掉進原地打轉的束縛中。

「本我」會藉由各種方法、各種管道，通過內在人物給予「自我」訊息和指示（經由夢境，或者機遇，或者事件、事物賦予的象徵），但是要給「自我」帶來一個巨大的衝擊、造成明顯的扭轉，就是由「命運之輪」出馬了。

大致來說，每個人一生都會遭遇幾次「命運之輪」，就是命運的轉捩點。

自我和命運之神的共謀

「命運之輪」並不只是「本我」擅自做出的行動，它也是「自我」內在的需求。我們所遭遇的「命運之輪」的現象，並非神，或者宿命，或者靈魂獨裁地施加於人身上，而是包含了人本身的潛在意志。

我們表面的意識再怎麼對心靈內在不知覺、不承認，事實上都是相連結的，且中間並不是有一條界線，你很難說哪些部分屬於「自我」，哪些部分超出「自我」的範疇，並沒有這種分野。

「自我」絕對參與了命運之輪的運作，因此，說一切取決於「運氣」，不可抗拒的「機運」，人本身是被動的、無能的，都是盲目無知的態度。說到這兒，我常常感到納悶，為何類似「命運是由人自己掌握的」這種論調，會被視為一種「迷信」？執意認為命運無法掌握才是迷信吧？

必然與必要的邏輯

「命運之輪」的轉動並非一時之間突然發生的事，縱使它是在多重條件（最關鍵的就是「自我」的發展情形）的配合下發動，但它不是偶然促成的。生命歷程有其階段性的結構（因此展示了生命歷程圖景的Major Arcana有其順序），並非沒有秩序，沒有理由，相反地，無論從哪個角度、哪個方向看過去，它都是完美、合理、精彩的。

因為它不是突然的，所以也不會沒來由，沒線索，憑空改變毫無頭緒。就好比我們之前提的啟蒙運動，事實上在十五世紀文藝復興時期已埋下種子。當你驚覺命運之輪的轉動，回頭看會發現之前早就埋了許多伏筆。它不會發生在早一點、晚一點，它發生在何時一定有其理由，有其用處，令人驚嘆地恰到好處。

命運之輪的形象與特質

誰來推動命運的輪子？

縱使轉動「命運之輪」的其實是自己，不過，在現實表象中，我們會看到有人（或事）扮演推動「命運之輪」的角色。

「命運之輪」跟我們先前所談的某些內在人格一樣，會在現實中出現，不僅如此，因為「命運之輪」不只是一種內心狀態的轉變，它還會在外在具像世界產生動盪，因此它必然會通過現實中的人（或事）做為媒介。

你無法預先辨識誰會擔任這個角色，事實上就算有人替你指出來，你也很難明白他如何推動你的命運輪子。通常事後（也有可能在命運之輪轉動的過程中）你才會恍然大悟。試著回想看看你生命裡幾度命運重要的轉變發生時，曾有誰扮演了關鍵的角色？

擔任觸媒的功能

聽起來好像是有人會插手你的命運轉變，左右你的生命方向似的，但必須記得這樣的人或事（好比給自己帶來意外且重要的機會，成為命運改變的契機）基本上有如工具的角色。在生命歷程中，我們總會遇到某些人對自己發生很大的影響，說他們就是這個推動命運之輪的角色不為過，但重點是我們自己在與這個角色接觸之時，如何在自己身上迸發化學變化。

換言之，他們的角色有如酵素。

我現在把這個「推動命運之輪的人」直接稱為「命運之輪」，我們在算牌的時候會把這張牌面所指的人用「命運之輪」來稱呼。

他對你發生影響的方式很多，可能是具體直接的也可能未必，可能介入你的生活可能不會，可能直接帶給你啟發可能不會，可能在完成啟動你的命運改變的任務後仍然伴隨著你，也可能消失。

但藉由這個角色引發的效應必然是強大的，足以決定性地改變你許多思維、價值、觀念、行事模式。

互為命運之輪的角色

有件事情值得注意，當你身邊的某人擔任現實中改變你命運的「命運之輪」角色的同時，也有可能你也是他／她的「命運之輪」。不盡然你們兩者有很明確的相互幫助的情形，其表現形式可能性極其繁多，有時甚至是彼此給予壓力、痛苦、打擊，或者一方給予壓迫，另一方卻帶來啟發，彼此不見得相互發生了這種連動的巨大影響，但不管以任何形式，不知不覺兩者強烈推動了對方改變了命運行進的方向。

如何探索你內在的命運之輪

命運之輪是一個造成加速的外力

前面我們已經談了很多，「本我」時時在指引「自我」認知自己的道路，邁向完好的自我實踐和生命創造，符合自己進入物質生命設定的經驗需求。而在我們的生命過程中，內在人物則不斷發揮他們繁雜富麗的交互作用，在這個旅程上，我們可能偏離「本我」的設定，或者行進太慢，我們可能劃地自限，迷失方向，也可能我們希望自己能走得更積極，做更大的發揮，這時我們就需要一個加速度。

就好像牛頓力學定律一樣，當我們的運動需要調整方向，或者改變速度的時候，要一個外力來推進。

這就是為什麼命運之輪是在外而不是在內。

覺察「命運之輪」，就是感受這個「加速」作用的發生。

另一個「大運」的開啟

生命的慣性模式是危險的，它會使人開始給自己設立了框架、視野變得狹窄而不自覺，就「經驗生命」這一以創造性為出發點的旅行而言，是阻礙的，簡單地說，造成生命的能量滯塞不通。

命運之輪轉動的發生，跟東方的命理之說裡的「大運」輪轉有點互通之處，每個人生命歷程中都可以明確感受幾次命運的大變化，或者說高低起伏。高低起伏的原因很像流體力學，粒子運動會順應一個環境趨勢，直到它走到極致。

順著原有的慣性趨勢走的時候，人往往沒什麼知覺，但內在會比你早一步看到這個方向的死路，這時周圍開始發生異變的前兆，直到你很明確感受命運之輪開始轉動。

意識到這件事的發生很重要，設法把你的眼光拉到高出原有的地平線，找到命運之輪指出的新方向。

命運之輪的轉動其來有自

命運改變的方向不會沒頭沒腦，因為「本我」不是突然跑出來指引你的，「本我」是「自我」的源頭，「自我」受主觀意識所限，物質世界的認知經驗模式所限，與「本我」無法直接接觸，但「本我」是「自我」的母親，打從一開始就在對「自我」發生影響力。回頭看你會發現，突然的、偶然的巨大改變的契機，必然有可依循的痕跡，只是過去你不認為它重要，或不知道那才是你的生命主軸而忽視。

命運之輪的出現，傳遞的訊息，造成的影響，會把你之前尚未了解意義的零星的點連成一線，或者像殘破的拼圖展現全貌，使你看到將在未來展開的生命圖景。

要附帶一提的是，在愛情這個範疇上，也有命運之輪的存在。

運用你的命運之輪增益生活

黎明前夕的風雨

人一聽說命運要開啟新局面，都會很興奮，好像馬上要升官發財，不幸的是，命運之輪轉動不會立刻帶來情勢一片大好，往往剛好相反，很有可能立時遭致的是極度的痛苦和災難。

我曾替人算牌，對方問一段無解苦戀，心想如何能掙脫，但牌一翻開我赫然發現對方是他的「命運之輪」，只好告訴他這位女子在他生命扮演角色的重要性，他無法逃離，只能正視，找出他的生命面臨需要做出調整的方向。附帶一提，我通常幫人算感情，都會主動提議算事業，每次都證明人的生命模式每個領域都有呼應，當你在某事上面對挑戰時，表示你的人格、行為、思維、價值觀等等，都面臨重整的需求。我坦然告訴他，人通常不太會在幸福、安穩、平順中有所突破、成熟、體悟，就是這麼犯賤的要痛苦、壓力來激發自己的潛能。

命運之輪絕非宿命的「好運」「壞運」來臨

縱使痛苦、焦慮、憂煩，但同時可能也有滿足、快感、無上的收穫。

人類史上一個新時代的來臨，也往往會伴隨重大的混亂、失序、災厄。這時就要看你學習、調整、成長得如何，越快抓到方向、竅門，理解、茁壯，越能盡快脫離這個驟變帶來的困難和不順。

享受這個過程帶給你智慧的增長，自我實現能力掌握的提升，視野的開拓，也很重要。命運之輪的轉動能讓人感受自己的「進化」。

命運之輪轉動的效應也會展現在各不同層面，而不是單一的、局部的。命運之輪轉動所帶來的改變也只會持續向前，而不會開倒車，不會任意更改方向（符合牛頓力學定律）。

我們說的命運之輪轉動，是指生命有它尋找出路的本能，絕不是一般人所以為的宿命論的運勢變好或運勢變壞，命運沒有這麼無聊，如果這麼看待命運，實在太無知愚蠢。你所以為的「運勢」變好變壞，通常發生在生命歷程中不時展現的一段好運（以你自己的定義）或壞運，都是一種從內在顯化到外在的訊息，一方面提供你該注意的資料，一方面像是導航系統。

注意自我內在另一種力量的阻撓

而命運之輪的轉動是因內在超越侷限的慾望而自然啟動一個驅策。為使原本的侷限瓦解，破壞你原有的模式，所以才會發生災難和混亂。直到秩序重新建立。尤其是，舊模式破壞、新模式誕生的交接期，你內在的舊模式人格可能會不想讓步，他可能很強硬地繼續堅持一段時間，而你也正處於困惑、失調、無所適從，使得新、舊模式發生很大的衝突。也不必急著毀棄舊模式，事實上舊模式也不可能一下子毀棄，它必須被吸收、整合，融進新模式裡。

任何人都討厭挫折、麻煩，解決這些討厭的事情的最好方法，是找出內在投射這些訊息想指引的方向。我自己每當意識到身上發生何種困頓、不幸、麻煩的遭遇，小規模的，零星的，或可觀的，持續的，都會學習辨識它為何從內在顯化到外在產生。我總是一再嘗試，發現之前的解讀錯誤在哪裡，直到得到正確答案。

藉由你內在的命運之輪來創造命運

審視命運之輪轉動的模式

一個大運是十年，的確一種行為、思考模式的建立、發展、推到極致，通常是十年。

回顧自己的過去，可以找出自己命運之輪的轉動帶來新局面的過程。命運之輪被轉動，通常在之前已經累積了很多能觸發改變的能量。如果你期待命運之輪的轉動能給自己帶來期盼的機遇、格局，要知道這不會憑空發生。

外在環境的大變異，也都有其之前累積的線索，有時候這個變異是不受歡迎的、惡劣的，它除了有走到極致的必然性外，也是一種尋找出路的迫力。

無論這股力量讓你感覺是順是逆，都要思考它的含意，就算是負面，也要找出如何借助這個力量的方法。

如果你對現狀不滿，必須拿出行動，或給自己制定方向，用力走到極致，看看是對是錯，「本我」會做出仲裁。

找到能帶來創造與熱情的生活方式或事物

要判斷怎樣的方向符合「本我」的要求、規劃，有時讓人很迷惘，付出走錯路或做虛功的代價；線索看起來多，但到底正確答案是什麼？

其實有一個很簡單的判準，就是什麼事能讓你感到生命本身是有創意的，做什麼事是過癮、有熱情的。

這話一點都不抽象空虛或唱高調，我依舊要不厭其煩地說，生命遭遇沒有無意義的巧合、沒有無意義的事件的發生，外在是內在心靈的倒影，是內在的自己揮灑出來的圖畫。我們所做的每件事，發生在我們身上的每件事，都在回應心靈的好奇、體驗的需求。

老實說，我常常也會忘掉這些，淨想些本末倒置的事，把自己弄得很苦，當然這時候最聰明的方法是汲取眾多內在人物的理性、智慧、能力。因此意識到命運之輪的轉動，最好立刻開始多方和內在人物溝通，瞭解自己命運新章的佈局、方向的藍圖。

命運永遠有出其期不意轉變的可能

有時候命運之輪轉動會造成人驚慌、恐懼，尤其是面臨舊有生活狀態的顛覆、崩毀的時候，多少會不安而想抗拒、抵制。此時一定要先冷靜、穩定，用較為宏觀、開放的態度來面對。

並非順應情勢變化就是好的、對的，有時想順應還不太可能，必須去爭鬥、對峙，摸索新的態度、方法。短期間不容易看出自己該做什麼抉擇，具體應該朝什麼方向改變，但用心去察覺，一切都會逐漸鮮明起來。

可以信任內在人物對你的幫助，告訴自己不需要恐懼。

此外，沒有什麼人是已經走到再也沒有命運新機的階段，我發現很多人害怕為生命的新局付出代價時，會找很多理由讓自己卻步，或者相信自己的生命狀態已經是一個定局，而乾脆地灰心或絕望。永遠不要放棄相信任何生命能創造的可能，命運之輪的轉動會發揮超乎想像的巨大力量。

將你生命的改變與提升付諸實現——不容猶疑，果決裁判的XI正義

關於正義

當「命運之輪」開始轉動，便啟動了生命新的篇章，但是要真的使生命轉變進入新局，必須做出裁決的行動，這就是「正義」。

就像前一章舉的例子，啟蒙運動改變了人們的思維，舊世界的法則被打破，許多為政者接受了新觀念，如普魯士的腓特烈大帝、奧地利的德蕾莎女王與其子約瑟夫二世、俄國的凱薩琳女王。洛克訴求的人天生有生命、自由、財產的權利，影響了當時和後來的無數思想家如孟德斯鳩、伏爾泰、盧梭。但是真正將人類帶進新的民主世界的，是法國大革命與美國獨立後頒布人權憲法，直至南北戰爭後廢除奴隸制度。

而啟蒙運動的自然科學的世界觀也推倒了舊有的神學概念，但全面實質性地改變了人類生活方式的是蒸氣機發明帶來的工業革命。

「正義」代表思想上的裁判、決斷，做出真實的行動。當「命運之輪」開始轉動，就要準備迎接大變動來臨了，這變動必須藉由一連串有如浪潮的具體行動來創造，依據的是站在這個轉折點上的主體毫不猶豫的選擇。

「正義」象徵的是沒有模糊地帶。當人們開始相信天賦人權、自由平等，這是無庸置疑的，沒有模稜兩可的，這是理性法則。

命運的轉變先起於思想的改變，質疑原本的觀念、想法，加以推翻，形成新的價值邏輯，新的信念。然後是情感。思想是概念、邏輯的推導，是原則的建立。但是當它變成情感，就有了力量，並且更真實，因為情感無法虛假，情緒是自發、自然的，不是自欺欺人的產物，當情感、感覺、情緒膨脹到一個臨界，就會訴諸行動，如同一種爆發，從內在突入到現實，變成具體化，命運的實體。

內在正義所掌管的機制

建立判斷與裁決的基準架構

在現實生活中，我們想像的生命的「重大改變」，是指一些劇烈的或者戲劇性的機遇，但真正在生命歷程發生的「重大改變」，是內在的信念架構。我們在現實中所遭逢的各種經歷，都是這個架構體系運作的結果，它很不容易改變，更別說沒有理由、自動自發地改變。因此，當「本我」發現「自我」給自己的框架越來越小，束縛越來越大，生命的創造越來越狹隘、貧乏的時候，就會給予衝擊，這是前面提到的命運之輪轉動。

而這個衝擊要衝撞的是什麼呢？就是內在的信念體系架構，重整、更新這個架構。所造成的結果，就是建立新的判準基礎。換言之，帶來全新的看待事物的眼光、行為取決的價值觀。

正義的重要任務是引導人進入這個重整信念的階段，不如此生命的新章無法開始。

做出行動的必要性

判斷、裁決都是行動的依據，所以關鍵還是在於行動，就好像尺再怎麼重要，它也只是工具，重點是用來做什麼。

命運之輪轉動後，改變生命狀態、開啟新局面的根本，是在新的準則、新的思維下的行動，真正以行動來展示、創造新的生命情境。

當信念系統發生大轉變，絕大多數的人都還是會恐懼、猶豫，百分之百的信任不可能馬上形成，有些人會逃避、倒退、抵抗，這時需要果決、剛正、不通融的行動力量，這也是正義所掌管的機制。

新思維新決斷新行動

所謂的「做出行動」，並非指必須做出某件特定的行動，雖然有時候某件特定的行動有指標性，或者扮演樞紐的角色。

做出行動指的是將價值思考實質化，這是全面性的，也許從各個層面細瑣的事物，一直到大的、看起來明確可觀的事物。

你可能看到一個人做出人生重大的抉擇，好比說一個人驟然辭去待遇優渥的工作，跑到鄉下去種田，他決不可能只有在這件事上做出了改變——如果是這樣，那麼這個（就某方面來說帶有虛假的）行動必須被重新解讀意義——他在任一行為上都可能採取了新的價值思維。

行動也不一定是「去做」什麼，有時「放棄」什麼也是採取新決斷的表現。

正義掌管裁判，也掌管執行，許多內在人格的職掌與將人的內在狀態化諸外在境遇有關，但正義行動的寶劍則是迫使人面對自己做出行動。

正義人格的形象與特質

只做自己真正相信的事

聽到「正義」這個詞，也許會讓你以為正義人格就是那種自居正義使者、正義之師的人。

並非如此。

正義人格指的是那種原則明確，非常清楚這原則背後的基礎，其不可動搖性，有清明的信念，可以其為判準，毫不猶豫做出決斷的人。

人的任何行為無論大小都是運作在自己的一套信念法則之下，越是對自己的法則有清晰概念，知道自己在做什麼，為的是什麼的人，作風越能果決明斷。

行動產生自信念。

一個人只可能做他自己相信的事。一個男人會跟他追求的女人說要把月亮摘下來給她，但他不可能真的去摘月亮，因為他並不相信月亮摘得下來。但是人類相信登陸月球是可以辦得到的事，因此人類的腳印踩到了月亮上頭去。

至於嘴上老是高掛正義大旗，動輒跳出來審判他人，自己都是對的，別人都是錯的，這跟正義人格毫無關係。

凡事依循準則，嚴謹明白執行

正義人格永遠嚴厲地遵循其信仰的義理原則，手持天平意味他看待任何事，時時刻刻都放在天平衡量，全都有個是非輕重，他便是如此條理、原則分明，不容模糊、通融、便宜行事。

一般人總以為「正義」是放諸四海皆準的東西，是一個「公道」，因此人可以跳出來指稱這個人不義，那件事不合公正、不合義理。但如果我們誠實地看個體的信念，卻不是這麼一回事，每每對甲是正義的事，對乙就是不義，甲或乙都真真確確地這麼相信。因此總是在要求正義，或自居主持正義，往往可笑無謂，到最後這只是高舉意識型態、空洞的意氣、利益掛帥的行為。

正義人格不做如此無聊的言行，而是嚴謹、剛直、明白清楚地將自身所有的言行、與他人互動的方式、看待所有人事物的眼光放在其原則規範底下，毫不妥協。

行動之前無灰色地帶

我們常質疑二分法，並且強調灰色地帶的存在，換言之，給予一件事情絕對的評斷似乎是不合理的。然而，除非不做選擇、裁決，也就是說，除非沒有行動，否則一旦要有所行動，就必須有所憑據——也許是我想做、我喜歡、我認為對、我非如此不可……。對主掌做出行動的瞬間的正義人格而言，不可能存在To be or not to be的徘徊，迷惑或猶疑是「自我」處理其思想的矛盾與和諧的過程，但正義主管的是揮劍的剎那。

探索你內在的正義人格如何運作

審視自己的天平

正義終究是建立在「做自己認為對的事」的基礎上。沒有人會去做「自己認為不對」的事。一個人如果做出「自己認為不對」的事，一定有一個理由，其實在這個理由下，他已經把這件事轉變成「對」的邏輯了。除非是迫不得已，人不會做自己不認同的事，「我別無選擇」這句話辯解了自己的行為，畢竟你其實是選擇了這個行動，將這個行動做出來，具體實行了它。

好比有人拿槍抵著你腦袋要你出賣朋友，你不得不做，心裡深感痛苦和罪惡，但是你沒選擇死，或許因為你還有家人要照顧，你一萬個不齒出賣朋友這種事，但是結果還是做了。這意味著你內在的價值邏輯上，自己的生命或者為了照顧家人，勝過對朋友的信義。

人做所有事或巨大或微小，都有個天平，每個時刻都留意你瞬間做出的決定，就能對內在正義的運作有更清晰的認識。

透過內在正義認知自己的信念體系

內在正義並不那麼難覺知，因為內在正義掌管仲裁，他是內在人格中最接近「自我」的。因為其他潛意識中的內在人格也許影響「自我」的思考，而每個內在人格不同的特質也或輕或重不時滲入「自我」中，但在真實世界裡，會做出行動的還是「自我」，真正行為的還是「自我」。因此與行動有關的正義人格，是與「自我」最能產生連結的內在人格。

一般情形下，「自我」的行動依據的是信念系統協調的結果，正義人格時時將每事每物放在天平衡量，做出裁決、選擇，原則、信念必須是建立好的，明確不容侵犯動搖的。正義人格幫助你審視你的信念系統，你真正相信什麼？你如何權衡輕重？你知道什麼對你才是重要的而什麼是自我催眠、自我欺騙？你的慾望是什麼？你有沒有勇氣面對？你非做不可跟你可以放棄的事物差別在哪？

人未必很清楚自己內在的信念系統，既然內在正義對這個系統是掌握得最分明的，那麼要關鍵性地瞭解自己，不妨透過觀察自己的內在正義人格。

運用你的正義人格增益生活

理性思考並不可信

有些人認為「自我」的理性思考的結果，就是自己的信念，這其實是很不真實的。當行動沒有發生的時候，自己以為堅信不移的思想，也只是一種推論罷了。

我們常說假想一件事情，跟實際面臨那件事情，是徹底的兩回事，你也常有這種經驗，你以為你會如何面對某件事，跟結果你真的碰著了，你因應的行為與之前所以為、所認定、所想像的，完全不同。

人常以為自己的行為是表面「自我」的理性思考，事實上自覺性的行為是因應環境的變化，而環境境遇（包含事件）的變化是內在的反映。要是再論不自覺的行為，或者「想要這樣偏偏卻做那樣」的行為（盲目、衝動、無法自拔的），其源頭就更複雜了，絕非「自我」的理性操作的產物。

因此只對「自我」表面的理性思想太過自信是危險、不足的。與你的正義人格進行溝通，除非你能對自己的內在先進行全盤瞭解，你無法掌握自己的生命所能創造的結果。

藉助內在正義的判斷能力與果決

別因「天下事沒有能輕易做出二分」的觀念而對你的內在正義抱以懷疑，正義人格之所以果決，是因為他要求的是非是很堅決的，一件事如果不單純，不能簡單地判斷，而涉及許多附帶的問題，他會抽絲剝繭，從每一環節細細推敲，找到每個環節的判斷結論，而非通融讓步。

正義人格要求正本清源，根本的原則沒有堅守，再怎麼看起來有道理也無法通過他的審可。

優柔寡斷、行動力弱的人，需要多與你的內在正義人格接觸，尋求他的協助。之所以缺乏決斷，看待事情總是這樣似乎也不可行，那樣似乎也不妥當，就是對自己的信念完全不清楚，信念架構模糊。如果你時時有個天平，能衡量該做什麼，想做什麼，做什麼是應該的，就不會舉棋不定。

仰賴內在正義的誠實

正義人格所作出的裁決就是行動，因此通過正義人格就是人的信念與誠實的顯化。

不是說你無法欺瞞你的正義人格，而是正義人格讓你無法欺瞞你自己。你不能避過正義人格的把關（雖然你可能不知道、不感知他的存在），但是正義人格有可能被壓制，就是當其他人格發生膨脹效應的時候。

如前述檢視正義人格是一個瞭解自己的方法。當你因為無法一一揪出你的眾多內在人格各自的價值觀，而被他們混亂地影響，以為自己相信這樣，一會兒又發現自己事實上是相信那樣，沒法子對自己的信念有個明確的概念的時候，你可以試著問問你的正義人格。

當然，因為正義人格引導你在現實中做出行動來，因此你其實也可以從自己第一時間「衝動」做出的行為選擇來瞭解正義人格的判準是什麼。

藉由你內在的正義來創造命運

面對內在人格的重新調和

前一章我們談到「命運之輪」開始轉動，當你面臨生命這樣的轉折點，要特別留心準備好「正義」階段的來臨。「命運之輪」的後面必然接著「正義」，才能真的打開你的命運新章，開啟全新的局面。

此時正義人格的任務是非常吃力的，因為他正處於打破他的舊天平，建立新天平的狀態。有時這是吃力的難局。

命運之輪的轉動是「自我」及所有內在人格，與「本我」進行整合的初步階段所造成，所以「自我」的整個信念體系是處於變動狀態的。而每個內在人格也處於變動，有些可能更融入「自我」，有些被減弱，有些被壓抑，有些被強化。

探索並認知新的裁判模式

在這之前，正義人格已有相當的時間處於固定（類似）的裁判模式，因此他可能已經累積了某些習慣，但此時他要開始與過去不同的裁判模式。

當「命運之輪」開始轉動，這是你自己可以覺察得出來的，此時正義人格是最容易被覺知的，是讓「自我」的理性與正義人格一致化最好的時間。

由於「自我」也會感受價值標準、人生目的跟過去不同，如果缺乏決斷力，會影響開展命運新局。「命運之輪」轉動時很容易讓人驚慌，一下子過多衝擊和挑戰迎上，會有措手不及之感，可能猶豫、退縮，甚至產生想倒回過去的心理。但倒退其實是不可能的，卡在不上不下的狀態，前進緩慢，缺乏果決，不敢行動，可能自毀良機。

通過正義全面提昇自己

「正義」階段非常重要，許多人的命運之輪啟動，是另一番大開大合，但若卡在正義階段不能順利發展，不但無法前進至自己期待的輝煌局面，甚至可能陷入崩壞，或者挫折、倒退至絕望的境地。

「自我」和內在正義要相互協助，內在正義推動「自我」，「自我」鼓勵內在正義建立新的信念模式系統，彼此融合，則命運的新局才可以飛越性地展開，並減少因衝擊帶來的負面遭遇。

「命運之輪」的轉動會將自己帶向何處，「自我」不會不明白，而這也是「自我」追求更好的實現的一種進化與提升，你會感覺自己各方面的能力增強，由衷產生滿足和喜悅，並且開始對新的目標投入更大的熱情。

從聚焦的視野學習更清晰的事物——
沉著、穩定，不畏困局的XII倒懸者

關於倒懸者

人類的生命旅程從「魔術師」走到「倒懸者」，我們可以看到逐漸從靈性（本我）的一端往物質、世俗（自我）的一端靠近。物質界的經驗，世俗生命的探索和創造，原本就是人類擁有肉體生命的目的。

命運之輪的轉動打開人類新的視野、新的思維的同時，也轉開了對過去某些領域感知的眼光，可以說某些景物亮起，某些景物隱退。

倒懸者的姿態是倒立懸吊在樹上，但表情欣然而不痛苦。意味人對於他此時置身的狀態——一種侷限和束縛，是自願的，他明白自己所付出的代價是為了換得什麼。

換言之，「本我」知道將「自我」侷限在物質感知和世俗經驗上，暫時放開較多靈性的部分，是值得一試的。

理性主義讓人類拋開了對過去的神的信仰，轉而擁抱自然科學，並且專注在建立新的群體生活規則和制度上，規範和制度不再是為了建立群體社會的秩序，而是照顧個體的權利、群體的福祉。

理性開拓了人類新的世界，但同時也掩蔽了對感性、直覺的信任，無法被科學所證明的事物，從此被揚棄。

但這卻是人類必須拿出來交換的代價，唯獨如此，心無旁騖地專注於物質世界、世俗世界，把力量都用於這之上，人類才能以這種不同以往的狀態起飛，快速地躍進，開啟空前的創造。

內在倒懸者所掌管的機制

協助審視自我的框架

倒吊懸掛的姿態，很明顯的並非什麼愉快、舒服、自由愜意的模樣。這也許讓人感到奇怪，為何「命運之輪」轉動，建立了新的價值體系，透過「正義」做出行動，到了「倒懸者」卻似乎呈現僵持不動的情狀？

這本書裡所提到的二十二個特殊的內在人格，都與「本我」和「自我」的溝通、連結、調和、增長有關（故被我稱為「神之手」），大部分的這些內在人格的形象、素質都有一種行進的動態，或者給人提攜、向前的感覺，倒懸者卻有一種受困、停滯感。

「倒懸者」與前一個「正義」階段的狀態有巧妙的不同，但本質卻有相通處。都是給自己建立了一個框架，這個框架就是自己的信念。

信念框架形成自我的特殊性

框架聽起來是不好的，不自由，侷限，狹窄，但是一個人不可能沒有框架，如果原子不能在它既定的軌道運行，無法形成分子；一個人沒有形體，無法在物質世界裡生存。

如果我們和他人沒有邊界，沒有分別，我們就不再是我們，「我」的定義就消失了。本來「我」和他人，和萬事萬物是一體不分，但是進入物質世界展開生命之旅，就是架構在這個區隔建立的前提上。

「本我」藉由「倒懸者」協助「自我」認知自己的信念框架，並且明白這個框架並非用來限制自己，事實上，沒有框架不能突破，但這框架建構了自己的獨一無二，它是我們用來發展自我創造的基礎。

理性與情感的和諧調整

縱使我們的行動看起來有充分的自由，彷彿我們在每個時間可以做出的行為有千百種，但事實上我們每一件做出的行動都有它的必然性，來自動員內在複雜機制進行評估後所形成。

如何讓「自我」瞭解行動的憑據並且能與情感上的滿足連結，進而接受自己信念清晰的形象，並知道有能力進行和諧的調整，這是倒懸者所掌管的機制。

倒懸者會創造讓「自我」既感覺受困，但又靜心思索這些問題的局面。「自我」縱使眼光受框架所限，但倒懸者能從「本我」得到全景的眼光，促使「自我」安於束縛又不劃地自限。

倒懸者人格的形象與特質

通曉坐困是有價值的犧牲

若將「倒懸者」階段的機制做一個人格化的解釋，我們可以將倒懸者人格來做象徵性地轉換，「倒懸者」階段的「侷限」、「束縛」，成為倒懸者人格的「犧牲」、「困境」。但如前述「倒懸者」階段遭受的侷限雖是一種框架、限制，卻也是一種聚焦，在倒懸者人格身上，變成了更專注、集中，而此階段傾向物質世界的聚焦也讓倒懸者人格有更縝密務實的思考與計畫能力。

因此「自我」若要認同倒懸者人格，倒懸者是那種樂於奉獻自己於繁難的事物中動彈不得的人。

愚人和倒懸者的比較

也具有理想性格的倒懸者人格和前面我們曾提及的愚人人格相比，倒懸者比愚人務實地瞭解的局勢。愚人無視於現實的危險，以及自己目標的可能性，倒懸者卻很清楚，倒懸者知道自己必須付出的代價為何，也衡量過他能以這樣的付出換得什麼。

愚人只管去做他想做的事，但倒懸者不會讓自己變成沒頭沒腦的犧牲品，不管倒懸者是不是真的就能達成自己的目的，但至少倒懸者在做出決定的時候有他自己的信心。我們在前面舉過愚人人格的例子，好似切・格瓦拉，而倒懸者人格的一個典型的是甘地。

愚人人格和倒懸者人格都可能是革命者，但前者的熱情在過程，後者則一切是為達到目的。

難能獨具的耐性、沉著

倒懸者人格往往具有常人沒有的耐心，持久的毅力，倒懸者相信自己的計畫和能力，因此並不畏懼眼前的困局。若情勢看來一片挫折黑暗，或毫無進展的可能，倒懸者人格並不會慌張或動搖。

因為倒懸者人格有這種素質，與周圍的人沒有的能力，往往在一群人中，他會抱持我不入地獄誰入地獄的態度。

倒懸者人格善思考，不衝動行事，同時能夠在一件一件困難阻擾或災禍接連迎面而來時，沉著應變地一件一件有條理地解決。

倒懸者人格的行事風格非驚天動地的華麗型，而是低調沉穩，甚至不欲為人所知的。

探索你內在的倒懸者如何運作

猶疑不前是倒懸者嗎？

許多人常會感覺自己處在一種猶豫停滯的狀態，這是倒懸者的狀態嗎？如果你的猶豫、停滯是充滿焦躁、不滿、徬徨，那麼剛好相反，反而是倒懸者無法充分作用的結果。一個人不能清澈明白自己的信念架構，就會無法掌握自己的行為、成就為何不符合期待，如何符合期待，何時才會符合期待？

倒懸者人格並非一個使「自我」做出實質行動的驅動力，他似乎較難明顯被察覺，並且使人誤以為他使「自我」處在猶豫、懸置的狀態。其實並非如此。

倒懸者不似其他風格強烈型的人格有霸氣、積極性的特質，似乎不那麼有魅力而強大，但事實上倒懸者是一個能力很強的人格。

服膺自我信念架構的沉穩

和「正義」相同，倒懸者是信念架構運作的呈現，但如果你的猶疑是出於對自己的信念架構認知混亂，那麼你反而要倒退回去，先完成「正義」的階段。

倒懸者階段的具體形貌是什麼呢？

現實中能有耐性、毅力，不畏困局和眼前的窒礙，不求別人讚美，對自己做的事充滿欣然之情，默默努力，看似平凡的人，我始終覺得是真正的英雄。

倒懸者的特質包含自我犧牲，為了某種堅信的目標，也可能為了某個重要的人，因此倒懸者特質也是建立在這個目的之下。換言之，若沒有自己的信念或者甘願為其犧牲奉獻的人，倒懸者人格的特質也無從發揮，因此找出你的信念與目標是大前提。

在現實中體現倒懸者的狀態

心靈的、生命歷程的倒懸者階段和現實生活的情境相呼應，生活中感覺受困，是僵持、停滯的，此時問自己是否明白、相信鎖定的目標會達成，但縱使看來自己還在泥濘裡掙扎。

此時倒懸者並非不在行進，甚且，倒懸者應用其意志和智慧，發揮著推動生命朝向自我實現的作用。和「生命本身即創造」（生命以奇蹟的姿態跨進物質的存有）不太相同，倒懸者的「創造」形式是讓生命在物質世界尋找到另一種價值，是我們世俗生活裡重要的意義。

換言之，追索自己處在倒懸者狀態的真貌，能找到我們所處的境地更豐富的意義。若能通達自己的倒懸者，就能放心自己的生命永遠不存在虛耗，看似無作為也有其沉潛的目的。

運用你內在的倒懸者人格增益生活

與正義人格相同，倒懸者人格是建立在信念和目標之下，否則他是不存在的。倒懸者人格能協助你達到更高的自我完成。

面臨重要關卡時需要的冷靜

有些具深度智慧的內在人格能帶領你往自我實現正確的方向，而不少激烈、強勢的內在人格能強化你的自我表現，但在你面臨生活中一些重要的關卡時，你需要穩定、自信、沉著突破萬難、務實條理地完成每個步驟的考驗時，倒懸者人格是真正能幫助你的，沒有他你還真可能成不了事。

尤其是你站在命運轉折點的時候。

觀察投射在他人身上的倒懸者

如果你內在的倒懸者人格潛伏不為你所用，他也有可能投射到他人身上去。當你開始對倒懸者人格有所注意，你就會在他人身上看到倒懸者人格的蹤影。留心你四周是否有「自我」層面傾向倒懸者人格的人。他的做事方法、面對問題的因應態度，他的遭遇和處境，是怎樣的？當你面對類似的情境遭遇的時候，試試看想像正在面對的是你自己的倒懸者。一旦你開始學習應用你的內在倒懸者的特質，便多想像自己與他有所連結和對話，這使你能多利用倒懸者的力量。

輔助自我性格上的弱點

平常行事容易衝動，不善處理細節，做事缺乏周延考慮，耐性不足，遇到僵局時便急躁驚慌不滿，沒有顧全大局的眼光，對於已發生的困難不求首要解決眼前的問題，卻拚命抱怨無法挽回的錯誤與懊悔，吝於先投資以求回報，自我中心又小氣，這些毛病也可以藉由倒懸者人格的力量來改變。

並非所有的問題都能以揮刀向前的方式解決，有時只能耐心等待，有些深沉的內在人格有這種智慧，但論到處理務實問題的智慧，則要靠倒懸者人格。

不過，倒懸者人格當然還是可能發生自信過高，未必有足夠能力的情形，因此結合其他人格的特質和力量仍然是時時必要的。

藉由你內在的倒懸者來創造命運

正義階段之後面臨的難題

從我們進到「命運之輪」轉動的階段以後——縱使「命運之輪」轉動聽起來是生命裡很獨特的巨大關鍵時機，但你也可以看做在很多小的時刻，我們也一直在創造命運的某種程度的改變——會馬上面臨一波波衝突的發生，以及因各種信念矛盾而造成的困局、難題，這時猛衝硬闖、魯莽向前未必是有用的，腳踏實地、篤定安穩、計畫性地處理，才真正能解決問題。

行過「正義」階段會讓你感到大幅邁進，行動力十足，創造豐碩，但馬上一定會發生窒礙難前的阻撓、侷限或者瓶頸，有時陷入的困局真的是怎樣也無法脫身。這種乏力無奈的痛苦，即使是再強勢的人格也一籌莫展，這時候也只有倒懸者人格能安之若素，用理性的態度度過難關。

尚不完全的侷限

我們在這一章的開頭說了生命歷程進入「倒懸者」的階段，意味往物質端的移動，靈性端的知覺相對隱蔽，造成了一種侷限和封閉的境況。但此一階段這種束縛和侷限並不是完全的，「倒懸者」與「本我」仍有相當高度的接觸和溝通、交流，使「自我」對「本我」的訊息抱持信賴。要走到「惡魔」的狀態，才是最靠近物質世界端的時候，也是人類限制自己的視野已走到盲目的時候。

倒懸者人格並不是一個開拓性的人格，但因為倒懸者依舊保持著和「本我」端的認同，因此他有著與愚人相似的理想性存在，這使得內在倒懸者能讓「自我」秉持信念在他的新世界裡披荊斬棘，其韌性不比內在「皇帝」或者內在「力量」遜色。

從束縛中學習

人並非被放進倒懸者這樣束縛的狀態，正確地說，是接受這樣的狀態，它是一種非被迫的選擇。

無論從一個超越性的角度（肉體生命經歷的發展），或者在現實中發生的情境，都會遭遇這樣的狀態，工作、情感、人際關係……。這不是一個無可掙脫的狀態，選擇接受這樣的狀態有我們知道或不知道的目的，結果未必就如我們所願，因為所有的不確定都是創造必須的冒險，倒懸者的困局和犧牲是我們為換得更開闊的局面的代價，在這個階段裡我們會學習到比我們在自認較為自在、滿意、激越的狀態中所能領悟的更多的事。

終結、破壞舊事物，創造新生與更替——公正而使命必達的XIII死神

關於死神

從「命運之輪」轉動，到「正義」和「倒懸者」，一些舊的思維、信念已經開始動搖、鬆脫、毀壞，但是到了「死神」，這些舊信念的崩毀會顯化出外在結果，而這結果以毀壞性的方式呈現。

理性主義沖刷掉了舊觀念、制度，尼采宣稱上帝已死，取而代之的是人自己成為超人，這啟發了希特勒，造成了二戰的慘劇。理性主義的人權與平等觀念，在西方世界發展出了資本主義，在蘇聯和東歐則產生了社會主義，兩者展開冷戰對峙，在中國則發生了文化大革命。

我們仰賴審視歷史的重要，否則文明了無意義，而每每這當中最被擷取以作為借鏡的，總是死亡、終結、傷害、毀滅，這些讓人感到恐懼、憤怒、驚慌、痛苦，因此

再沒有比這些更能讓歷史浮出它重要的意義。

但請記得沒有一種死亡是永恆的滅絕。

因此死亡也必然包含、預示著重生的意義。基督若不死，何來復活。必須在看待「死」（包含了所有實質的死亡或抽象的死亡）能帶來的新生性的前提下，「死」才能昭示它真正的價值。

「死神」是一張讓人聞之色變的牌，那是因為人的肉身生命有限，凡是人沒有能抗拒死亡的，人類的生物醫學科技再日新月異求發展來與之對抗，極盡所能地延長人的壽命，也終歸逃不了一死。因此，「死」讓人恐懼。

然而「死」真正的意義並不是毀滅，務必要記得「死」永遠是一種轉換。所有事物都在追求新的形式以及超越。「新」的開始必須建立在「舊」的破壞上，即使是將「舊」的事物轉變、重組成「新」，也必須打破「舊」的形式、「舊」的架構，或者讓妨礙「新」的成分消失。

事實上，「死」是無所不在、無時不在的。

有些「死」本身看來沒有建設性，甚至讓人感覺挫敗、絕望，但通過「死」一切事物都在演化，成就個體或集體前進的驅力。

內在死神所掌管的機制

死亡的必然性

死亡意味終結。我們理解死亡某種程度上是「自然」，人終有一死，生命終有一死，天下無不散的筵席，凡事都有結束。但同時我們又覺得死亡並不「自然」，許多終結來自於像是外力的破壞、摧毀。

就好像壽終正寢被視為好事，大多數人恐懼的是意外的，突如其來的，不可接受的死亡。

內在死神瞭解一個絕對的邏輯，沒有「不自然」的死亡，所有的死亡有其原因和必然性，死亡其實並無意外。

死神帶來轉換、更替

透過「死亡」這一形式，才能有「轉換」的發生，永恆便是透過這樣的更替持續下去。若沒有死亡這一更新，事物豈非恆久不變？就像身體的細胞不斷再死亡和新生，死亡無時無刻不在發生，意味著萬事萬物能量的流動。

我們所遭逢的任何事物的風貌也是如此有著更替的必然性，其依循的邏輯在於我們內在的需要。

死亡有其運作的韻律，不同形式的死亡也帶來啟發，死亡有時是樞紐，這些改變都唯有通過某種死亡才能達成。死神如其他內在人格一樣連結內在與外在，掌管這樣的更替發生。

死神人格的形象與特質

執行任務但非掌管生殺大權

死神的原型印象不用我多說了，有著骷髏面容與身軀的騎士，手持鐮刀來索命，無人能夠抵擋。

死神之所以駭人，是因為人「自我」侷限在物質世界，因此不知道死通往何方，所以對死感到恐懼。物質的生命沒有能逃過一死的，凡人皆會死，這就是「死神無法抵擋」的真意。

對「自我」來說「死」是不可預期的、不被接受卻被強加的東西，因此人們會想像有一個死神來取命。

但死神的形象是騎士，他是個執行死刑任務的人，縱使他一出現，就是你的時間到了，鐮刀揮下去，就送你到冥府，可他不是真正掌管你生殺大權的人。

高度專業的殺手

想要瞭解你的內在死神人格的形象，也許不能從我們所熟知的文學、電影中的死神印象找答案。

死神這位騎士令人聞風喪膽，因為他的任務就是取人的性命，管你是誰，管你在人世間有多大的權力、財富，也管你是多善良、人品高潔的人，管你上有高堂下有嗷嗷待哺的小孩。死神之所以如此讓人害怕，就因為他沒有通融，他的恐怖就因為他沒有自我意志。

死神人格就像一個專業的，具有高度技術，但本身的任何情感思想不涉入其行動、任務中的殺手。他們唯一最高指導原則是完成任務。死神會百分之百地完成工作，並且採取最適合的方法。

殺手被視為殘忍、暴戾的真正原因並不是他們殺人的手法殘酷，而是他們對於自己執行的任務不抱任何態度。

公正而不抱任何個人態度

在死神眼中，自己所做的事既稱不上善也稱不上惡，他不會給自己的任務貼上任何意義和價值，也不會認為自己所做的事是給善良的人帶來厄運，給作惡的壞人制裁，給還有好多想完成的事的人絕望，給置身不可解決不可自拔的痛苦中的人解脫。

聽起來無情，從某個層面來看，死是公正的。

死必須是公正的，無論什麼顏色、形狀的花都會凋萎，腐敗的植物沉入泥土所發生的自然變化是依循著同樣的法則。

你甚至可以說，死神是最值得信任的。

探索你內在的死神如何運作

所謂死亡的定義

死神將抽象事物諸如思想、信仰、情感的崩解、消亡帶到較具形式的事物的終結，如一種狀態、一種關係、一件事情、一種態度，進一步也有可能連結到更實質、具體的事物的終結。（但死神不掌管肉身死亡。）

許多死——結束、毀壞，讓人感到遺憾、意外、難以接受，但我們得先如死神人格一般，將死亡以中性的眼光來看待。

這些終止的結果是自然發生的，就好像通過方程式算出來的數字一樣，所以才不是一個可抵擋、拒絕的東西。就好像1＋1不會因為你不接受、不喜歡，就不等於2。

事實上，2這個答案也完全是中性的，它就是一個數字，並沒有好壞可言。

死亡與任何隨處發生的現象無異

說穿了「死」跟「生」跟任何每時每刻在發生的事，任何遭遇任何可能，都是一樣的。「死」跟等會兒你會在街角與某人撞個滿懷，跟你抬頭時會看到陽光從葉隙透過，跟你錯過一班巴士以致於丟了最重要的工作，跟你生平買唯一一張樂透卻中了數億元頭彩獎金是一樣的邏輯造就出來的結果。

沒有一種死是無意義的偶然，而那些你能覺知的「死」，都來自於你內在所有人格的思想、感覺，從最表面直至最不可知的深處總動員的結論。

最重要的是從「死」這個點往前看跟往後看，它來自於哪裡，將通往何處。

內在死神如何行動呢？

是結果也是開始

各種內在信念交織產生的結果，有的造成人的行為的推進力，有些是抽象的情感效應，有些導致具體外在行動，有些則是造成衰亡、結束、破壞。「死神」進行的就是最後提到的這一項工作。「死神」跟其他某些內在人格一樣，他的形象和行為會投射到外在，也會藉由「同步性」（以榮格的說法）於外在世界製造出環境和遭遇。

換言之，內在死神能在外在製造出和「死」有關的事件，好比一個工作的結束，一樣東西壞掉，失去一個人，健康受損。

這些事件是一個結果，但它也製造一些開始，換言之，它既源於你之前的信念和行為的運作，也基於信念和行為的需要，扮演後續的具有影響、力量功能的角色。

運用你的內在的死神人格增益生活

不需要對死神感到恐懼

內在死神創造的是改變的契機。

很多人對自己在意的事，抱著期待的事，會非常害怕遭受打擊、毀壞、終結，但如果會發生如此結果，皆有它的必然性，就如前面說的，必會「自然地」發生。

所有的「死」都有複雜的原因，而所有的「死」也會引導之後許多具有意義的開啟。重要的是把這些緣由、意義、邏輯找出來。

敏銳挖掘死神執行任務的意義

好比說，花了很大的努力爭取的工作卻突然間失去，你感到挫折和失落，然而你並不理解這個工作在未來可能對你其實是造成阻礙的，會偏移「本我」和內在其他部分協調給你的方向。或者，這件事（失去工作）是為了造成一種驅動，迫使「自我」

重新修正信念系統。

也好比說，一段感情意外地結束，可能因為原本支撐這段感情進行的某些態度和邏輯已經走到極致，必須加以轉換。或者這段感情的發生原本是為了促發你內在某些概念的成熟，而這樣的任務已經完成。

審視的方法跟我們前面各章曾提過的一樣，尋找象徵性的訊息，這些訊息是非常豐富的，也極為有用，和你的各個內在人物溝通，獲取參考的意見。「死」跟所有其他大大小小各種形式的生命遭遇的產生是一樣的，雖然規格越大的遭遇涉及的信念系統運作可能越複雜。

提醒與促進內在外在的動員

破壞是發生改變的必然，通過這些破壞、終結而產生新的局面。但也有些破壞帶來警訊，這些警訊導引新方向必須做的修正。這是下一張牌「節制」的階段。

你一定聽過很多看來不可能挽回的事、宣布無救的傷病奇蹟地轉好、痊癒的例子，這是從「死神」階段得到的警訊，找出它發生的原因，進而修正而改變方向。

附帶一提，「死」是自然、必然的階段，而不是藉由意志去主動造成的。「自我」會受內在影響，但有他的獨立性。因此表意識的「自我」以自己的意志去製造的死亡，是另一件事。好比說自殺，這是出於「自我」的意志，自殺永遠是不可取的事情，「自我」做出這種行動，顯示與內在沒有理想的溝通，與「本我」沒有連結，獲取不到內在深處的幫助和智慧。內在人物絕不可能導引「自我」結束生命。

藉由你內在的死神來創造命運

不符期待的終結？

這本書提供的概念，建立在「自我」意識和內在意識的落差上，我們如何處理這個落差導致的「自我」意識不滿、迷惑和期待？

換句話說，我們老覺得現實發生的事，「不是自己想要的」，因此怨天尤人，覺得神既不公正又殘酷，命運作弄人。實情是我們無意去瞭解這些「不符期待」的事發生的原因。

包括「不符期待」的結束。

好比一段感情可能因為各種內在因素導致它必然完結，完結的方法不是「自我」主動性的，而是外在所造成，但它出於自然和必然。相反的，如果它在內部構造裡沒有符合終結的條件，便不會終結，表意識的「自我」想以意志來結束，也無法造就。

舉例來說，雙方都痛苦的感情關係卻終止不了（因為兩造內部潛意識的信念系統都沒有走到這個狀態必然結束的階段，死神不會執行任務。）。或者，熱戀中的雙方也不可能沒道理地做出分手的行動。

並非「接受」，而是用其「創造」

那麼，如何藉由內在死神帶來符合我們期待的機運？如何將「死」這個破壞性的事轉變為創造性來利用？

我們必須先徹底瞭解「死」不是單純的「破壞」是什麼意思，當人看不出任何事物都有永恆的延續性，但「死」卻必然在進行時，人就以為自己必須用一種「接受」的態度，而無法以「創造」的態度來看待。但「死」是與「改變」的意志必然同時發生的東西。也可以說是「形式轉換」的中介。

因此第一是瞭解自己想要的「改變」是什麼。第二是設法找出內在死神採取的手法的可能性。

思索終止、轉變、更新的目的性

假使一件事情一直以來讓我不斷獲益良多，可是也飽受折磨，我希望能從中脫離卻辦不到。我希望死神能讓這件事劃下休止符，或者轉變成別的形式。

若抱著這樣的想法，得先思考我希望從這件事得到的東西是否夠了，我是否真的知道我的內在，深層的意識對外創造出這樣的事件，目的為何。我是否達成了我自己內在的期待，在這個過程我面對的態度是否是正確的（如我內在的設定）。如果我希望這件事能轉變成別的形式，那又是怎樣的形式？也許我無法預期它會轉變成什麼樣，我探求不出死神要用怎樣的手法，但我是否能找到我所希望的新的態度新的經驗是什麼？

死神並非不可掌握，就像命運並非不可掌握。我們從第一張「愚人」牌開宗明義就說人面對命運，不是客體而是主體，說明了命運是被創造出來的，不是事先被決定的。命運不但是被創造的，而且是在每個瞬間被即席創造出來。只是它不是隨意的，而是遵循一個動態的法則體系，這個體系是我們複雜的內部結構所決定的。面對「死神」是同樣的道理。

協助你達成內在與外在不可或缺的和諧平衡——調節各種偏失與衝突的XIV節制

關於節制

新時代的來臨必有破壞和毀滅，這是「死神」的階段，從死裡創造生。理性主義讓神死了，但科學因此快速發展。工業化帶來太大的便利、舒適，擴大了人的生活領域和可能性，但無可避免地造成嚴重的生態破壞。科技進步這件事本身是跟死無關的，不是為了破壞、毀滅而進行的，但擴散出去的各種發展的結果卻是自取滅亡。

每種趨勢都會自然地膨脹、走到一個極致，到它死亡為止。下一次的死亡也是為了做新的轉變。

聽起來好似所有的發展都是在奔向死亡、毀滅。

然而生命的歷程原本是為了創造而發生的，是為了一種蓬勃的創造欲望而展演出豐富的可能性，不管它是不是必然朝向一個臨界點而終至衰敗，反覆循環，其目的並不是毀滅。

因此在危險的肆無忌憚膨脹的同時，自取滅亡的警覺是必須的，此時是「節制」出場的時候。

我們曾說過破壞的力量總讓人以為是強大的，但可想而知約束破壞需要更強大的力量。如今要人們降低生活的享受，回到較簡單而不那麼便利的狀態，以減低對生態的破壞、環境的污染、能源的消耗，簡直難如登天。

「節制」的圖面出現的是天使米迦勒，除了暗示節制所需的力量，也暗示其來自超越性的層面，而非物質界層面。

我們曾說了生命的旅程從靈性端逐漸往物質端靠近，與「本我」的距離漸遠，注意力越來越集中在物質世界，與潛意識、精神層面的接觸開始產生斷裂，這些都會造成失衡的傾斜。為避免這種傾斜，時時調節是重要的，是要繼續挖掘自己的墳墓往裡面跳，還是傾聽深層的智慧以更高的視野來讓自己往更富和諧活力的方向發展，人不是沒有選擇。

內在節制所掌管的機制

為失衡的趨勢找出路

現象乃條件所形成，而事物會一直往著趨勢的方向走，好比溫室效應形成了，全球的溫度就只會持續地不斷升高，又好像地面的高度出現了落差，水會從高處往低處流，直到高處的水全部流光到低處，除非地勢發生了改變。

我們說了外在的一切是內在的反映，人類集體的現象、遭遇是人類集體心靈交互作用的反映，那麼現象的趨勢也是心靈塑造出來的條件所造成。

換言之，如果心靈——內在的情感、思想、信念、價值體系塑造成了一個地勢，那麼流水就會不斷往同樣的方向流動。

只朝一個方向流動就像傾斜的天平，一定是失衡的，就像氣球不斷地吹而沒有把氣放出來，最後必然爆破。

「生命必有出路」指的便是一種內在必然、必須存在的調節機制。

避免信念價值體系的僵化

內在的信念和價值體系一旦形成，是出乎我們所以為地難以改變，雖然生活中的各式各樣經驗都會影響我們原先相信的事物，但要真正動搖整個體系的架構，除非是無比強大的震盪、衝擊，否則辦不到。

尤其是一個人縱使覺得自己的許多思維、價值觀改變了，但是仔細花時間去審視自己，會發現直覺性的反應、行為模式，處理對人對事的態度、方法，不太容易全面改變。這種慣性就像地心引力一樣牢不可破。

前面我們提到命運之輪轉動是生命新章展開的契機，這意味著某個人某件事（不一定是單一的）將會衝擊我們原有的系統，造成這種內部架構的動搖。

事實上，舊有的、或者每次新的架構形成，逐漸都會固化，使約束「自我」的框架越來越小，流動的形式不再有變異，「自我」創造開始僵化，甚至發生「自我」損傷。

節制便是「本我」派遣給「自我」幫助其做出調節的動作。

引導進入開拓的階段

此外，當前述的生命從某階段要進入新的下一個階段，歷經變動，要能順利地轉換，這個過渡也需要內在節制的引領。

如果你在目前的階段失衡，困在盲點上，自然會卡住不動，自己還不知問題在哪。若有意識地想要向前，於是一味猛衝，仍就是超越不過去的，必然會發生各種阻礙。

如果感覺被挫折困住，沒有一件事順利，生命經驗面臨瓶頸，或者感到失衡，內在節制也能運用他的力量對「自我」做出引導。當然前提是「自我」願意去覺察、接受。

節制的人格的形象與特質

中庸、中道、中間？

在談怎樣去理解和揣摩節制的人格化是什麼樣子的、如何感受和運用前，我想先說說「中庸」這個詞。

小時候在學校讀到《禮記》談中庸之道時，我完全不能理解「中庸」好在哪裡，在我看來中庸就好像牆頭草沒有立場一樣。

人們對中庸的概念多半認為指的是不偏不倚，很難理解為何要如此，好像中庸只是一種態度，有人認同有人不認同。

「節制」會讓人以為那相似於就是中庸的取其中間，其實「中庸之道」或者「節制」都不是「中間」的意思。它的真義是，時時保持懷疑，時時退到一個中立的眼光來客觀審視，你目前的想法、態度真的是完全對的嗎？

大無畏的調節能力

大部分人都沒有辦法做到時時保持這種清明的眼光、拉高的位置。

正因如此，節制人格有著非凡的智慧和大力量。他就好像一個最高明的賽車手，在嚴酷的高速飛馳時，能隨時保持操縱著正確的行進方向，他既要瞭解車子的性能，也要深知車子的操控性，要維持穩定，避免失速偏離跑道、引擎溫度過高、爆胎、和別的車子相撞。賽車需要強大的體能，過彎時承受的高倍數重力更是驚人。集中的專注力、前瞻性、敏銳、謹慎，都是節制人格必須有的素質。

因此，節制人格決不是大多數人以為的「中庸」就是「溫和」的概念。

「節制」意味調節，避免偏失、極端。

前瞻與廣闊眼光來進行調節

人的態度行為起於信念，信念必然是指某種價值邏輯的傾向，沒有「傾向」就等於「什麼都沒有」。「節制」當然不是意味要去除那個「傾向」，這是不合邏輯的事情。「節制」意味著要時時往前一步看到這麼走下去的結果可能是什麼。你不能瞎著眼猛衝，這一刻看起來很對的事，這一刻用來解決問題的方法，下一刻可能就變成禍害、災難，凡事過了頭，善也會變成惡。

下棋的時候不能只想自己這一步可以怎麼走，還得想走了這一步對方會怎麼走，越是高明的棋手，能預先推演越多步，節制人格就必須用這樣的眼光來做調節。

也正如前述，節制人格還需要有力量，無力的人無法拉住瘋狂暴走的馬，無法拉開扭打成一團的失去理性的人。

探索你內在的節制人格如何運作

盲目於偏頗造成挫折或災難

當我們自認有所堅持，依循自己相信和習慣的方法去做事情、想事情、對人或對事物做出反應的時候，絕不會認為自己不斷在往偏頗的方向去。自信這麼做很有道理，但卻發生許多困頓、災厄，且不明兩者間的關係。

這種事當局者迷，旁人有時看得很清楚，即使指出來，當事人也未必認同、信服。

盲目這個詞，若是自己看得見就不叫盲目了，內在節制如何讓「自我」認知自己的盲目？就像前面我們曾提過的運用內在人格的各種方法，你必須建立一種警覺、覺知性，一則去尋找、解讀內在人物給予的訊息和象徵，一則在發現問題（不理想的遭遇、情緒、狀況，包含事件、環境、身體、心理）時主動去尋求對應的內在人物的引導和幫助。

調節內在人格間的不和諧

這本書裡我提到的內在人格，是來自「本我」派遣、輔助「自我」的人格，但是「本我」賦予他們創造「自我」在現實中的遭遇，本身就和「自我」的期待常發生衝突，這些人格彼此間也有可能抵觸，再加上潛意識還有其他負面人格（這本書裡並未提到的，屬於每個個體各自獨有的人格）交互作用，要處理這些不和諧，並不容易。

各種內在人格的衝突，可說是「自我」本身信念架構衝突的形象化。雖然「自我」的表意識很難窺見全局，但是「自我」合作的意願很重要，「本我」有能力讓各個人格彼此串連，和諧信念上的對立，「自我」若願意理解和傾聽，就有如披荊斬棘給自己打開一條路，此時內在調節的力量是很大的幫手。

來回關注內在和外在也是一種調節

許多外在的災難是內在的提示、內在不平衡造成的結果。在生命歷程的各個階段，內在人物都會發出的警訊，每個階段的成長也有它的困境和考驗，當錯誤、偏失、破壞、挑戰發生時，隨時尋找內在提供的力量、智識、策略，是應付之道。

然而，「自我」習慣、也相信從外在環境來找解決方法，那是「自我」的重要信念，好比人生病會去看醫生，如果拒絕去醫院，只向內在求援，就會被指為迷信、荒唐、精神錯亂。縱使我知道答案和治癒的方法確實在心靈內在，我也不會建議別人徹底放棄物質世界的醫療，畢竟「自我」的認知相當程度建立在物質世界並非沒有意義。

事實上完全將焦點放在心靈內在，或者只信任外在物質世界種種，都是偏執、傾斜，內在節制也掌管這種平衡，表意識與潛意識的交流，把視野從內在和外在世界來回轉移，明瞭相互的指涉和映照，都是節制牌上兩支杯子的水互倒的含意。

運用你內在的節制人格增益生活

認知調節暗示，做出調節行為

內在節制會直接製造能發揮節制作用、或者達到節制的提醒效果的事件。我們已經反覆強調節制人格的力量，內在節制所能製造的事件足以造成的節制效果，是很可觀的，好比說一場疾病或車禍導致一個人不良於行；不能行走這件事可能實際達成阻止當事人的某種行為持續發生，也可能作用是象徵性的提示。

當內在節制製造出某事件，目的是為了達到某種節制的效果，但是連帶造成很大的痛苦、不便時，你需要找出該調節的地方是什麼，真正做好這個調節，就能解決這件帶來不便和痛苦的事。當然要小心誤判，留心「自我」和內在意識的溝通，達成表意識和潛意識的交流也是內在節制的任務。

自我過於故步自封，也需要調節

「自我」與「本我」進行交流、調整信念系統的過程，也會產生驅動力，但是當「本我」認為這是已到達臨界點的時候，內在節制會製造出較強烈的遭遇來迫使「自我」進行改變。內在為追求更大的生命創造能力、更和諧豐富的自我實現，為每個階段設有進程、目標，因此當行為和方向錯誤，導致向前移動受阻，內在會期待改變、突破現況，做出進一步移動。

往錯誤方向過度就等於正確方向的嚴重不足，因此要同時從「減」和「增」兩個角度所指向的意義去想。舉個例子，也許你很依賴上網，但是電腦卻突然故障，與其說這意味著節制你長時間掛在網上的行為，暗示你過度沉迷於在網路上和人交際，不如說是提醒你必須走出去和他人做實質的接觸。此時和他人實質有效的接觸可能開啟你很重要的另一個人生階段。

內在存有極端相反的人格

即使是個性衝動，容易發生暴走，一執著起來就埋頭不顧一切苦幹的人，其主觀「自我」屬於偏執、極端型，內在也擁有節制人格，因為那是來自內在智慧的產物。

每個人的個性都會有矛盾存在，魯莽蠻幹跟深思熟慮並存，這並不是一種特殊的狀況。

情緒激動，或者思慮偏執的時候，不太會想到要去尋求節制，或者對節制這個詞就有反感，此時其實可以換一個角度來看節制。任何好的人格素質或思考方向，都要在恰當的情況下才能最卓越地行使、發揮效能，我們先前提到的每個內在人格皆如此。好比說不加節制的「愚人」可能使「自我」葬身懸崖下（就如愚人牌的圖面所暗示）。

內在節制能讓「自我」接觸到「本我」遠瞻的眼光，內在節制能提供你的力量超過「自我」能做到的很多。順道一提，因為內在節制能調節物質端與心靈端的平衡，許多對靈修有興趣的人也可以充分運用這個人格。

藉由你內在的節制來創造命運

衝動有理，但要懂得修正方向

勇於去做各種嘗試，有些看起來可能很瘋狂，到頭來也真的證實了那並不適合自己，這種好奇心和熱情、欲望，衝動行為，非並沒錯，甚且值得鼓勵，我從不認為

「一時衝動」有什麼不好，即使滿身傷痕，都是有意義的。當然內在節制也不會束縛人去做這些嘗試，「本我」其實希望自己能更活潑地拓展生命經驗。

內在節制要調節的是持續地偏失方向，以及偏失了的觀念帶出的盲目行為不斷延伸。尤其是自以為方向很正確，更以為如此做下去最能達成自己的期許，但潛意識想得到滿足的卻又是另一回事，其實是自欺欺人，還滿心以為一切很合理，走到盡頭撞上牆壁，自己仍不知道怎麼回事，甚至繼續拿頭往牆上撞去。

這種情況下抱怨命運不佳，不是很愚昧嗎？

體認撞上玻璃的狀態

鳥撞上玻璃後就該知道那裡有玻璃，偏偏繼續撞個不停，誰都覺得聽起來很愚昧，但事實上你我卻都一直這樣做，為何如此？出發時認為是對的，一路走都覺得是對的，迷失了本意自己一點都不曉得。

打個比方，我寫一本書原本為了將我認為最美麗壯觀的事物給予世人一同看見，因為堅持我自認那樣的書寫方式才是傳達了我心中最壯麗的事物，越寫越耽溺，但一路下來我都自覺沒走錯啊，我不是一直秉持理念嗎？然而我是不是忘了一開始我期望的是讓他人也能分享這樣的震動？我背離了這個出發點自己一點知覺都沒有，甚至認為去揣想他人能不能感動，能不能覺知，是一種媚俗，一種對自己理想的破壞。這無關對或錯，而是事實已經偏離了初衷。

無論是工作、愛情、人際關係、單純的理想、價值思維，都可能是如此。而通常我們怎麼反應？我們只覺得自己被辜負，或者被上天、被世界不公平地對待。節制人格能使我們看清我們被什麼給遮蔽了，重新調節自己，才能突破我們以為的機運之牆。

煞車使你開得更好更快

節制如煞車，其實並非用來把車停下，而是能更靈活地行進。開車的時候煞車失靈是最危險的，「節制」聽起來就像煞車。煞車不是只用來讓車子減速、停止，而是運用煞車來操作車子的行進，靈巧地在各種路況運用煞車，反而是更高速前進的方法，重點還是如何駕駛這輛車繼續你的旅程。

人生路上總會不時有恐慌、迷惑，到底這樣做對不對，是不是正確的路？我會不會窮盡一切到一無所有？其實如果你願意留心內在的指引，你的內在有很多人物在幫你做這些事，幫你管控對你有益或有害，正確還是錯誤的方向。有內在節制在替你把關，你根本不必害怕你衝錯方向結果頭破血流全盤皆輸，或者愚昧地自己往懸崖跳下去粉身碎骨。

內在節制一直在幫助你，某些阻遏、危機發生時，不要先怨天尤人或慌亂，反覆推敲、思索這是不是內在節制的傑作，為的是什麼？該如何因應？找出正確方向，反而會提升你的推進力。

藉由欲望驅動你的無限潛能——引人鬼迷心竅的XV惡魔

關於惡魔

人類來到物質世界的生命旅程，先前我們已提到從靈性的一端往物質界的一端移動，來到「惡魔」這一階段是最靠近物質端的狀態，可以說幾乎完全聚焦在物質世界，甚至到了渾然不覺、以至於否定物質世界以外其他的存在，也因此徹底受制於物質世界規則的束縛狀態。

「惡魔」也是個令人聞之色變的名詞，「惡魔」給人印象是邪惡的，將靈魂出賣給惡魔，或者被惡魔給拘禁，絕不是什麼好事。而人會出賣靈魂給惡魔，會受惡魔控制，都是被欲望所誘惑，喪失了理智和良心。

但是，儘管各個宗教大都駁斥物欲，認為欲望蒙蔽人的心智，必須要摒棄、超越、看破物質欲望，才是對自己的靈魂有益的，才能讓生命讓生活昇華、喜悅、寧靜。

物欲本身並沒有不妥，追求物欲或者把心神集中在物質世界的冒險，原本是理所當然的事。物欲也跟任何因為置身實體世界（的屬性）而會發生的任何形式的追求沒有不同，問題在於這種追求是不是過了頭，也就是說，本末倒置。

人類在物質世界的旅行，就好比你看電影的時候當然會投入，你要相信裡頭在進行的故事是真的，才會感動，情緒才會跟著走，這場經歷才有意義。可是如果你投入得過份，以為電影裡演的才是真實的世界，以致於連外面還有一個更大的更真實的世界都忘記了，以致於你怎樣都不可能走出戲院，並且死抱著螢幕裡的一切不放，這麼一來就陷入本末倒置的錯亂，而且找不到歸屬了。

同樣的，物質世界的束縛也不是真實的。束縛住人的「惡魔」的鐵鍊，其實是人自己製造出來的鐵鍊，隨時可以鬆開。

內在惡魔所掌管的機制

讓人對物質世界著迷

如果蓋一座富麗堂皇的主題樂園讓你在當中徜遊，你卻皺眉覺得「唉，好假」那不是玩不下去了！簡單說來，內在惡魔人格讓人脫離與心靈深處的連結，專注在外在世界上；但即使如此，內在惡魔人格仍是從「本我」的智慧發出的有助益的人格。

物質世界的成就、經驗值，是人類很寶貴的課題，也扮演人心靈成長的一部份，因為它增加了人的創造值。

這就好比假設你玩電玩，從那裡取得的經驗值與收穫是可以回饋到你現實的人生的，那豈不是很誘人？如果要你卯起來在電玩世界裡大幹一場，不就得讓你認真投入那個世界，真把它當一回事？

內在惡魔也喜歡讓人執著於現實世界裡的人事物，有時陷入痴迷、眷戀、無法自拔的狀態。

雖然痴迷瘋魔聽起來不是好事，不過有時膠著在什麼上頭，甚至因之為難痛苦，人反而能獲得更多成長。

物質欲望的必須性

人的內在有欲望，而且是符合物質世界框架的欲望，才能推進人類做各種不同的嘗試，去探索自己的各種可能。

心靈不用吃飯，但肉體要，因此有肉體之身的人類要解決吃飯的問題。從人類在地球上出現，就得解決這個問題，原始的人類從學習狩獵、發明武器，到發明了農耕，都是為了適應血肉之軀在物質世界的生存。因為體內有欲望，要過更好、更方便、更舒適的生活，因此進行各種突破以往的冒險。於是人類有了社會，有了國家，有了疆域概念，並且在每個新發明出來的領域都尋求更壯觀的拓展。個人如此，集體如此，人類才因之演化，文明才被華麗地創造出來。

驅動人去追求滿足和實現

內在惡魔在人體內，永恆地驅動著人。因為內在有惡魔人格，人打從出生，永遠都覺得不滿足，永遠都覺得迫切地需要得到更多，找尋更能實現自己、證明自己、放大自己的方法、可能，人永遠都覺得不夠快樂、都覺得少了什麼，卻不明所以，因為不明所以，所以充滿焦慮感，所以要無所不用其極地去找滿足的方法。

內在惡魔不唆使人追求靈性，內在惡魔只管讓人認同物質世界、人為創造出來的世俗的遊戲規則，在這個框架裡盡情地發揮自己的能力，取得期待的報償。

惡魔人格的形象與特質

惡指的是什麼？

「惡魔」根深柢固的形象，是誘惑人墮落，讓人因迷戀世俗世界的欲望而迷失，忘記了本有的良心，以及勝過世俗功利價值的善美的事物。因此「惡魔」是邪惡的。

內在惡魔確實會誘使人耽溺，至於「墮落」，墮落又是什麼意思？自我放逐到普世認可的正確、美好、高貴之下？但是如果你永遠只站在雲端，怎麼可能有真正的智慧？象牙塔式的一心自居良善、道德、正派，難道不是無知地唱高調嗎？人絕沒有非得採取什麼方式、在什麼情狀、什麼環境下學習、尋求自我，才是「對」的。

事實上內在惡魔人格作用的是「執著」這個狀態，而非「執著」於什麼事。

使人鬼迷心竅

內在惡魔誘惑人想得到的東西，想做到的事，一定是眼前的能力無法辦到的事。就因為眼前的條件、能力是做不到的，才必須想辦法，才不得不超越現況。唯有如此才能達到讓人改變、前進的目的。

要產生執著，先要有欲望，這就是「惡魔」被認為「不良」的地方。但惡魔人格不如我們以為的，是除之後快的人格，是若摒除他我們會過得更好的人格，剛好相反，惡魔人格是必須的，重要的，甚至可以說，沒有惡魔人格，人類或許不會演化，不會進步。

惡魔讓人從原本的限制中突圍、發揮無比的力量和創意，這就叫做「鬼迷心竅」，好比說有人為了錢什麼事都做得出來，有人為了詐騙什麼點子都想得出來。相似於前面說過的，惡魔管的也不是惡事，他只管發揮「鬼迷心竅」的效果，至於這「鬼迷心竅」能使出的無限潛能是用在造福人或者害人，則看你自己。

惡魔操控人如玩偶？

一方面如前述內在惡魔讓人突破原有限制，發揮更多「鬼迷心竅」的創意、勇氣和力量，但一方面使人身陷其中，等於給了人枷鎖。

「自我」要不要受惡魔操控，其實是自己可以選擇的，但「自我」通常不知道，覺得自己被操控而痛苦不堪，像籠子裡的松鼠團團轉。

其實內在惡魔的力量不及前面提過的「節制」，好好發揮節制的力量，就不會受惡魔所困；但「自我」如果自己以為掙脫不出「惡魔」手掌心，自然就逃脫不出來。

每個內在人格都很認真於自己的任務，惡魔人格也會無所不用其極、認真執行他所掌管的機制。「自我」的欲望不是惡魔給的，「自我」要行善或惡都不是惡魔給的，惡魔才不管你想要救世界還是想殺害小孩、欺騙老人，他只會連結「自我」的需求與「自我」的信念（也就是「自我」的欲望、「自我」耽溺的趨向），給予力量推動「自我」。

探索你內在的惡魔人格如何運作

審視自己的欲望

內在惡魔的運作既與人的欲望（在現實物質世界的）有關，要探索內在惡魔理所當然可從審視欲望下手，且不妨站在惡魔立場來看，也就是說，如惡魔一般不從道德角度下任何判論。

先看看惡魔如何讓我們去滿足自己的欲望，我們通過怎樣的手段行進，我們是否很清楚自己的欲望是什麼，這使我們中途面臨各種選擇時做出了怎樣的決定。

執念的產生，初始可能只是小的欲望、模糊的欲望，或進行某種探索，或情感上的需求（包含理想性的情感滿足）。欲望本身並沒有錯。即使是物欲、虛榮。

傳統的道德價值觀鄙斥物欲，認為物欲是卑下、低等的，應該輕視、摒棄。因此縱使人心裡抱持世俗欲望、物質追求，都可能自我欺瞞、否認，或者壓制，逼使自己忽視，認為這樣比較快樂。

否定自己內在人格的作用都是不適當的，那會誤導自我瞭解，對找出完善自我發展的方向無助，反而有害。

從挖掘內在惡魔的嘗試中，能對自己有更深入、真實的瞭解。

回頭抽絲剝繭來探尋惡魔的伎倆

當你陷入惡魔枷鎖，不妨試試先回頭看當初是因為什麼欲望而朝這個方向走的。好比說，置身痛苦又無法掙脫的戀情中，當初陷進去是因為什麼理由，找出那最關鍵的（通常跟自己的外在人格很有關係），思考眼下的情況，無法掙脫的原因應該是這個欲望沒有被滿足；但問題是，透過兩人建立的關係（愛情）來滿足這個欲望，是否是不足的甚至沒有關連？或者自以為想滿足的是某種欲望其實是別的？幾乎所有的不可自拔又痛苦的愛情關係，都因為耽溺於渴望某種需求被滿足，但建立在錯誤的方向上，或者自己的需求是錯覺而不自知。

一個關鍵的盲目點往往會把整個視野拉下水，連帶其他部分都被蒙蔽。內在惡魔有時也會借力使力，因為知道「自我」想要什麼，容易被什麼蒙蔽，就會以此為誘餌讓「自我」掉進漩渦，目的是讓「自我」身陷牢籠而能從桎梏、求掙脫的過程得到改變、成長。

審視受困時是否自斷與內在的連結

我個人不覺得那些利欲薰心、物質欲望很高、喜好鑽營的人有多俗氣討厭，有時看到周圍的人內在惡魔正發出強烈的能量讓他們野心勃勃、巧取豪奪，毫不退縮的時候，我會頗有嘆服之感。縱使過度旁門左道做出的事情似乎很不可原諒，但這都是靈魂在現實世界中的一種實境體驗。

因陷入愛情迷障而痛苦的人，有些也自己承認這樣強烈、無法自主地被左右著歡樂或悲傷，是人生重要的經驗，這是一個成長過程，有時會迷失，甚至是嚴重的迷失，造成慘痛的傷害。

內在惡魔本身沒有傷害性，有害的是「自我」和內在其他的部分斷裂。惡魔不會去切斷你和內在智慧的連結，他只幫助你在物質世界的遊戲規則上更集中注意力。

因此，無論任何事物、狀態，讓你陷入其中不得自拔、痛苦萬分時，一則要考慮是否因為內在惡魔的作用，讓你被鎖在這個生命經驗中受苦，一則要思索是否也因為內在惡魔使你專注在於眼前的經驗與感覺，拋棄了從內在其他人格獲取智慧的途徑。

運用你的惡魔人格增益生活

追尋世俗成就是理所當然

人期待自我實現，自我價值的肯定，是來自「本我」的召喚，讓故步自封的「自我」找到自己的路，別讓自己的生命旅程缺乏創造而變得徒勞。

對「自我」和「本我」而言，擴展生命體驗是非常重要的事，「自我」和「本我」都會成長。惡魔人格負責讓人把注意力集中在物質世界的各種形式的成就、獎勵、滿足，人為了獲得這些，會更意識到自己的特質，自己擁有什麼，能換取什麼。換言之，人不得不強烈地去「在乎」自身與自身以外很多事物。因此欲求現實生命經驗中物質的世俗的回饋，是正面的、必須的，並沒有什麼粗俗、罪惡、醜陋或低下。

內在惡魔不像內在女祭司能帶來靈性的智慧、脫離世俗的平靜、超越性的欣悅，但內在惡魔能帶來另一種活潑的力量，當「自我」的世俗欲望被點燃，興起追求的熱情的時候，會有高亢的振奮感。

隨時警覺惡魔的花樣

從追求的出發，藉由執著的欲望，推動人的前進和豐富的嘗試（說無所不用其極也可以）、新鮮的體會，以及為目標卯力奮鬥，是令人活躍歡欣的，然而你不能聚焦一件事又同時看到全貌，因此很容易演變成迷失。執著和依賴是一體兩面，因此變得無法自由脫離，諸如陷入無法自拔的關係或責任的牢籠，或對某人、事、物的上癮症。

即使「執著於善美」到頭來也會變得偏狹。「執著」的發生，本來就是出於眼睛只看見這樣事物。當你只盯著某樣東西看時當然看不到別的東西。如果你把重心放在右腳上，你怎麼可能同時把右腳抬起來？

請記得想到內在惡魔時，拜託你別把道德價值的問題放在前面，那必然又是偏頗焦點。該問自己的是當下此刻，是否能徹底放棄這件事？能毫不猶豫抽身離開？如果不能，顯然就得好好審視內在惡魔玩的花樣了。

利用惡魔而不反被操縱

歌德的作品《浮世德》描述藝術家和惡魔交換條件，內在惡魔真的可以實現你想要的物欲願望。

受到惡魔的誘惑，聽從惡魔的指引，創造出執著的生命情境，又困在惡魔的鎖鍊，這整個過程是既美妙又痛苦，既刺激又勞累的，但絕對是物質生命的重頭戲。然而歹戲拖棚，演到數百集的連續劇到頭來絕不會精彩，也完全喪失意義，內在惡魔有助生命創造，每一次陷入惡魔鎖鍊，都可以經歷一番成長，此時該掙脫鎖鍊，尋找下一個創造的題材，也就是另一番機運的開拓。既要利用惡魔的詭計，也要不受制於惡魔的詭計，如此才能朝人生旅途順利前進。

藉由你內在的惡魔來創造命運

帶來世俗名利成就

內在惡魔也真像傳說故事裡的惡魔，確實有那個魔力，想滿足世俗欲望，他能幫你達成。我一再重複內在人格不只是一種精神力量，一種對「自我」發生影響的內在素質而已，對內在人格而言，心靈世界和物質世界的界線是不存在的，他們可以越過「自我」以為的兩者間的隔閡進行創造，在物質世界裡製造出具體情境、機遇、事件、事物來。內在惡魔有可能真的讓你實現中樂透頭彩之類強大的事件（請勿曲解我的意思，我並非指內在惡魔專管中彩券，也絕非所有的中彩券事件都是內在惡魔的績效）。

如果你覺得自己死氣沉沉，缺乏生命力，無妨和你的內在惡魔打打交道。不僅你可以主動求助他，內在本身也會讓惡魔人格發揮他的用處，好比讓毫不想戀愛的人忽然來到戀愛機會面前，毫不想名利的人一夕之間名利雙收。

世俗成就的追求增進心靈體驗

認為世俗的權勢、物欲的追求是低劣的，人應追求高超的靈性，這是偏頗的想法。追求靈性指的應該是體會心靈真正的力量，而非排拒物質世界經驗的必需，事實上物質世界經驗也是心靈的重要養分。

而那些失去世俗欲望的人，也未必因此轉而有動力追求心靈的智慧和滿足。有些自認看破世俗假象，喪失在世俗世界裡努力戰鬥的欲望的人，只覺得生命空洞荒蕪，不再有任何活力；相形之下惡魔人格反而讓人活得更健康。人很多重要的生命體驗都是來自追求世俗的享受、成就，世俗的價值觀肯定而換來的。我從不覺得人追求名利權位有何不妥，個體藉此能更充分發揮自己，集體則創造整個族群的文化、文明演進。

感受惡魔人格帶來的精彩

人內在的智慧是早就存在的，人類所有最深的意識是相連的，集體共享古老的生命經驗與智識，因此認為世俗生活、世俗成就的追求不重要，脫離世俗的心靈層次的提升才重要，並不正確。

完全地偏向任何一邊都是迷失。著迷追求靈性而致忘我的人，自認超越了世俗，但那樣偏執的心態也可能是惡魔的傑作。

內在惡魔所造成的「束縛」、「禁錮」常常無法避免。提醒自己「只看見」的是什麼東西，然後才能去覺悟「以致於看不見」的是什麼，然後是反覆推敲「自我」和內在意圖透過這個經驗發生的轉化為何沒有達成。

內在惡魔對「自我」和「本我」的進化很有幫助，也絕對扮演開拓命運下一階段很重要的角色，但同時他又會把人拘禁在此一階段中。他是很狡猾的人格，可是也是帶來最多挑戰的人格，惡魔的作用與命運的互動我認為是生命最精彩的部分。

藉由崩壞釋放，迫使你找出生命真正價值——雷霆萬鈞天罰之姿的XVI高塔

關於高塔

人類的肉身生命旅程宛如在靈性與物質兩個極端間展開的光譜中移動，前一章我們談到了在「惡魔」的階段，意識往物質端集中後，便和靈性的層面逐漸喪失連結。「惡魔」是人最往物質端傾斜靠攏的生命狀態，之後是「高塔」，它的險惡造成了一個折返點。（其後再往靈性端回歸）

「高塔」牌的圖面馬上讓人聯想到巴別塔。巴別塔的故事是人欲造通天塔觸怒了神，神便讓人說不同的語言，於是人與人不能溝通，塔便崩毀。

這個故事有各種寓言性，在這裡我們可以視為，人與人之間原本通過內在是連結為一體的，「自我」與「本我」並無分離，因此人與人不需要藉助語言，心靈的源頭本就是融合的狀態。

但是當人的欲望牽引人遠離他的源頭，「自我」與「本我」分開，不再記得人與人的源頭是合一的，不再記得心靈有一個更寬廣的世界，那麼人終究會自我毀滅。

人展開物質世界的冒險，是因為在這個世界的旅行是新奇的，是提供了無限珍貴的創造素材的，這旅行是盛大熱鬧的，帶來豐富寶貴的經驗，在這世界裡不管是哪個層面的追求都是這場冒險的動力，是必須的。

人類無論是個體或集體的生命歷程，都是往進化的方向走，但是進化的依據都是在它原來置身的點上，謀求解決原有狀況的困難，得到在那個狀況下想要的東西，好比每個時代的革命、轉變，都是突破它原本的限制、錯誤、不完美，但是朝這個方向去掙脫、衝破、積極進取，會發生新的困難、新的錯誤、新的不完善，負面的效應便越來越嚴重，直至到達一個臨界而崩壞。

我們現在所置身的文明狀態，較諸過去好幾次人類社會的進化、改革（舊制度、舊觀念、舊思維的破壞與新秩序、新邏輯的誕生），其面臨的過份擴張造成的危險，是空前的，到了很多人相信這次的崩壞，也許就是人類的末日。

但是生命總在尋找出路，並且，如我們曾經說過的，沒有一種死亡、毀壞是永恆的，永恆是絕處逢生的偉大創意實驗。

內在高塔所掌管的機制

事物與狀態的崩壞瓦解

「高塔」和我們前面提過的「死神」，都有毀壞的意涵，不過遭遇「死神」所面臨的是事物或狀態的終止，而「高塔」遭擊毀則是暗示事物或狀態的瓦解。

高塔和「死神」的另一不同是，「死神」呈現「死」與「生」的對立，造就的是一種「改變」。事物的改變必然是一種型態變為另一種型態，可以當作前一種型態的結束，後一種型態的開始。但「高塔」的崩壞是將一切瓦解脫落掉，最後終將只剩下本質。因為外在與本質已經不再融為一體，只好把虛假、無益的外在擊毀，讓本質顯露。

抹平錯誤，重新再來

當「自我」與內在嚴重斷裂，便會發生「高塔」（崩毀）的危險。

「自我」縱使偏頗，內在都還是有各種機制設法協助「自我」調整方向，但過份一意孤行，到了內在非得使出嚴厲的手段的地步，就會讓「自我」架設的世界（「自我」所打造的「塔」）崩壞，在這之前其實「自我」都有轉圜餘地。

和「本我」分離，拒絕與內在的自己接觸，否決內在深層意識的存在，無異是自殘。這就好比人類的工業文明肆無忌憚地發展，破壞自然生態，完全未意識到人類與整個大自然是一體同源的相連融合，也毫無疑問的是一種大規模的自殘，自我毀滅。

「高塔」摧毀的，是所有「自我」與「本我」疏離、罔顧「本我」給予的使命而一意孤行的錯誤發展，掩蔽了內在能帶給「自我」健全和諧並更卓越的指導，而造成的外在空洞的信念。這整個「塔」的崩解會伴隨「自我」在現實世界裡的某些重大結構的破壞、瓦解。

用句流行語來說，就是「砍掉重練」。

內在高塔的形象與特質

重點是雷還是塔？

「高塔」這張牌被定名為「塔」，但是擊毀塔的是雷電，換言之，運作「高塔」的機制的力量其實以雷電為象徵。

這麼說來，內在高塔的形象就是雷電而不是塔了。其暗示的概念是神以雷擊懲罰罪人。

但為何它卻不叫雷電而叫做塔呢？重點到底是雷還是塔？

雷是一種雷霆萬鈞的、不可抵擋的來自神的壯盛力量，一擊可摧毀一切，但這不是宗教傳道，不是宣揚神的力量有多大，重點還是在塔上頭，神要擊毀的是什麼東西。

「高塔」被我視為最恐怖的一張牌，相較之下「死神」甚至顯得溫和善良。我想，畢竟我們生活在世俗中，我們認真看待自己的肉身生命創造出來的一切，以及我們把自己放在這個世俗世界的位置，我們的自我肯定，我們和他人之間的關係，我們所有的情感都建立在這之上，身敗名裂、眾叛親離、一無所有、被世人所唾棄、肉身殘壞……聽起來都比「失去靈魂」嚇人多了。

巨大而殘酷的力量

各種宗教觀念都是把「自我」與內在心靈源頭的浩大「本我」，以人和神的關係、互動做各種形式的象徵化，選擇相信哪一種形式都無妨，我甚至覺得你要相信操縱著地球人的行為和意志的是有高科技的外星人也沒什麼說不過去，如果你確實這麼以為的話。

不管任何一種形式，那是某種神能的、沛然莫之能禦的力量，而且你休想躲藏、欺瞞，以為有什麼能讓祂不知道，三兩下祂就能像捏死小蟲一樣讓你下地獄，祂也能一下奪走你當作寶貝的東西。

每個人都一定認為災禍降臨在自己身上是不公平的、不應該的、不正義的，如果神要為災禍負責任，那麼這個邏輯就是，神是不公平、不正義、動輒亂來的殘酷惡劣、仗勢欺人的傢伙。

正如前述，這個物質世界對肉身形式的我們來說太重要了，一切實體的東西、在這個世界裡的苦難對我們來說太真實了，除此之外我們覺得自己沒有別的了，這些就是我們的全部，所以我們在這個世界所受的傷害，很教人憤怒、難以接受。越是如此想，這個所謂的「神」能發揮的讓人恐懼的力量就越大。

事實上像高塔這樣的機制的運作，不是不能窺見、掌握的。

探索你內在的高塔如何運作

摧毀力有如天罰

如前述「高塔」讓人想到巴別塔的寓言，帶有「天罰」的意味，而「神」的概念來自內在深層的「本我」，「本我」並不會「懲罰」「自我」。事實上，何謂「懲罰」？所有「自我」會遭遇的經驗，喜歡或不喜歡的，都是自己內在信念運作的產物，帶來更豐富的認知，增加生命的創造力量，往進化的方向發展。

但「高塔」發生的形式確實很容易讓人把它視為一種天譴，「高塔」有時會以非常恐怖強烈的形式出現，好比破產、身敗名裂、家庭或者人際關係的大崩壞。不管何種形式，在生活的那個層面，規格大或較小，對當事人來說都會是一場十足震撼的風暴。「高塔」的發生必須動搖一個人根深柢固的想法，因此它必須有足夠能量的摧毀力，它的效應也會延續相當一段時間。

留心錯誤解讀因果

雖然把「高塔」跟傳統天降懲罰的想像劃上等號有點謬誤，但有時我覺得這麼看待「高塔」也無不可，畢竟較有恐嚇效果。如果你把「高塔」當作「自我」盲目或者妄自尊大，或自以為能徹底壓抑「本我」，於是「本我」就會發動它無比的威力來給「自我」一些教訓，徹底把「自我」無知的膨脹摧毀，也許能時時警惕自己。

然而當處在「高塔」的狀態，讓人感到驚慌，產生遭到「天譴」的感受，此時通常會用世俗道德價值邏輯來檢查自己犯了什麼錯，這就完全走岔了方向。

「高塔」的發生正是因為人過份執著人為世界的邏輯。發生「高塔」的狀態時反而不要用人為社會傳統觀念的是非善惡去拆解，那樣毫無意義，你需要調整的是看待生命生活的態度，尋找能獲得真正的自我實現的路線。

也有一種人很古怪，會對「高塔」發生迷戀的情結，把「高塔」的發生用來強化其自我悲劇性，或自認是一種殉道、犧牲，到了沉醉其中的程度。這對更好的自我實現與追求是無益的。

預防高塔狀態的發生

前面許多章我們已經談了夠多「自我」平常應有的警覺，尤其是面對挫折、不理想的情境、不夠符合期待的現實，找出方法扭轉，換取豁然開朗的發展。「高塔」的發生是可預測的，縱使它看來有點令人措手不及，但必然早就有很多跡象。

你最害怕發生的是什麼事？對你而言殺傷力最強的是什麼事？將你現在所擁有的東西建立成一個結構的狀態來想，（你所害怕的）這件事被放在怎樣的網絡上？（可能就是這整個網絡崩毀）往往「高塔」就是以你最不希望發生的事情的形貌來發生。

只要你處在某種逆境、險境、持續的焦慮，而又知道自己恐懼的是什麼時，就要警覺兩者間的關連。

不要害怕，可以直接問你的內在人物，你覺得對解決你的問題有所關連的內在人物，讓他們協助你找出扭轉局勢的關鍵方法，阻止高塔崩壞的發生。

不過，雖然「高塔」的發生很讓人恐懼，但所有內在引發的狀態、事件，目的都是朝向生命正面的開創發展。歷經高塔有時甚至算是因禍得福。

運用你的內在高塔增益生活

找回真正自己

聽起來很怪，高塔既是破壞、摧毀，怎麼可能增益生活？

至於面對災難，有些人純粹覺得是倒楣，本來就是不可預測、不可抵擋的事。

其實「高塔」的發生是一種臨界狀態，在此之前內在會做很多努力來進行修正，也會釋放很多提醒的訊息。

處在任何一種過度的執迷、盲目下，人會完全無視於「本我」期待「自我」能創造的事物、開發的潛能、更多元的生命經驗。

如果把高塔視為懲罰一個人「違背命運安排」，這麼看也行得通。只不過這個「懲罰」為的是矯正效果，因為如此才能讓人重新審視最單純的自己。這個單純的自己是不被社會化所形塑的，是不被人活在世上「應該要怎樣」洗腦的，簡單的說，就是做回自己。

不要被表象蒙蔽

一個人的內在自性給自己設定的路，只有當事人自己能找到答案，而每個人有自己的方向，並無所謂某種生活方法、生命追求是對所有人而言都是對的、好的，每個人的生命旅程是他自己獨特的冒險，是獨一無二的。

遭逢巨大變故導致原本的生活大亂，生活方式、態度被迫改觀，都是「高塔」效應，大部分人置身「高塔」的變亂風暴之中時都會驚慌失措，一時找不到方向。此時首先需要靜下心，不要被表象蒙蔽。「高塔」本就是要你脫開物質世界的假象局限，掙脫世俗生活遊戲規則的鎖鍊，此時萬不要反過來硬往世俗規範價值裡鑽。

告訴自己除卻表象世界的迷惑，問問你的根本自性是什麼，你所過的生活是真正你想要的嗎？你在扮演的是真正的自己嗎？檢視前面列出的每個內在人物，他們在你的內在各有怎樣的位置？做好準備重新出發。

在跌倒的地方爬起

高塔雖然旨在將過去錯誤偏失的建築擊毀、瓦解，但有些人相信自己在哪裡跌倒，就要在哪裡重新爬起，這也沒有任何不可以。高塔崩毀，你要在同一個地方建一個一樣的，或更高更好的塔，沒問題，只是該檢討一下不再犯同樣的錯。高塔會崩毀，絕不只是裡面有什麼偷工減料的疏失而已，而是重大的方向謬誤，這些偏失是怎麼一點一點發生的，我們在前面幾章已提過。

在跌倒的地方爬起重來，心態不能是不甘心，一定要重做一次證明自己是對的，或者不願從零開始，執意要沿用舊有基石。舊有基石可以用，因為基石未必是錯的，舉個例子，一個人在服裝業上失敗，還是可以重新在服裝業上開始，因為錯誤不在服裝業這件事，是行事方法或目標設定之類的原因。

藉由內在高塔來創造命運

高塔提醒你生命價值何在

「高塔」既非無理由純粹機率的意外，也非天譴報應；高塔是「自我」造成的結果，但也是「自我」的轉機。如果你認真為自己每一刻生命的創造性感到滿足，並能感受自己內在能提供的豐富樂趣（但要小心自欺欺人，或自居「正確價值」的準則），「高塔」便不可能發生。

一個人的生活可以平凡、簡單，一生看來沒做過任何不普通的事，但他也許有他自己感受到的生命力，他本人從他的生命歷程感受到的創造性和奇蹟。但同樣也可能一個人庸庸碌碌過一生，充滿沮喪無奈，並不曾真正快樂，也未因自己生命的存在真正感動過。問題不出在你平凡或不平凡，過著很高尚或者很沒有操守的生活，無欲無求或者汲汲營營，問題在於你是不是因為做真正的自己而感到滿足，感到生命是值得的。

關鍵在高塔變故後是否找對方向

是否在生命旅程中迷失，與表面過的生活是什麼型態無關，表面上看來生活平順的人也好，功成名就的人也好，事事不如意飽受煎熬的人也好，做任何事都被人肯定稱讚或者反過來從不被人接受的人，都有可能是迷失的。留心從自己的內在尋找指引，從內在人物在你身邊創造的各種線索發現指標。

我看過很多發生過「高塔」的狀態的人，「高塔」必然會讓人轉變，可未必因此找對方向，如果你依舊探尋不到自性。

我看到的例子很有趣，有的本來腳踏實地，「高塔」變故後反而變得汲汲營營。有的本來唯利是圖，「高塔」變故後所有行為都一律加上慈善和冠冕堂皇名目的包裝。事實上他們並沒有找到對的方向。

將人從自我禁錮中釋放

就如本章一開頭說的，生命歷程到了「高塔」是一個轉折點；人類進入物質次元，從原本的靈性端展開旅行，往物質端聚焦，到達一個臨界點以後會折回，再往靈性端靠攏，最後獲得完滿結束。

「高塔」的大震盪會將人從迷失和禁錮的狀態釋放出來，接下來應該回頭往自性趨近，但不少經歷過「高塔」的人卻沒有前進，反而倒回「惡魔」的階段。這是很危險的。

但也有人確實通過「高塔」而覺醒，回歸「本我」指引的航道上，不僅得到更好的實現，也開始能更靈活地運用內在人物的協助，獲得絕佳能力的開展，以加速的狀態繼續一場美妙的旅行。

現實中給予你啟發和希望的寄託——
高掛黑暗中指引前行的XVII星星

關於星星

「星星」牌面的圖景中，高掛天空的是指引東方三智者至耶路撒冷朝見耶穌誕生的「伯利恆之星」，意味著救世主降生。

「星星」有著這樣的象徵性，當人類陷於黑暗、虛妄、對現實的憤怒、無助，不可解的孤獨、失落，感覺自身的力量是那樣微小，而命運的力量是如此強大，整個世界的暴力、傾壞是那樣難以對抗時，會期盼憑空降臨某個能帶來救贖的人或事，換言之，扭轉一切的奇蹟出現。

無論是對個人、一個民族、國家，或人類全體，在面臨幾近絕望的情境時，會產生這樣的心理，期待世上真的出現高貴的品德、神聖的慈愛這樣的素質，能賞善罰惡的力量，神奇地讓世界從貧乏、自滿、敗壞、兇惡、無解的掙扎中脫出。

這與是否有某種宗教信仰無關，與一個人是否是只相信科學、只聽從理性的自然主義者無關，這甚至並不是說一個人真的希望有某個具體的救世主或改變世界的意外會發生，這是一種情感狀態，一種內心深處不自覺的期待。

對個人而言也是。也許有可能出現某人能垂憐自己、傾聽自己、保護自己、幫助自己，救自己離開孤獨、痛苦、迷失和無助。在這樣的氣氛中，關於救贖的可能的傳言會發生，不一定是某個具有神奇大能的人，也可能是某種異常的現象會出現，或這世界不可思議的轉向美妙、和平、豐盛、至善的情形正在誕生中。

究竟這樣一顆星星是否真的存在？只看人相不相信。

在「星星」這個階段，人覺察了內心的這種渴望，它將使人回頭凝視內在，因為伯利恆之星所指的方向就是人心靈的最深處。

內在星星所掌管的機制

絕望時給予希望

在高塔的崩壞後，人最需要的東西當然就是「希望」，甚至依賴這個希望來當作支撐。

星星是為自己帶來希望的人或事。

當人面臨絕望、走到谷底，已走投無路時，懷抱一線生機的寄託，就好像大海中溺水的人盼望遠方天際出現的船。事實上此時就算僅有一片浮木，也能讓人死抱著不放。

內在星星當然也是「本我」指引的象徵，他發生在自我實現走到一個死胡同的時候。有時候是「自我」瀕臨絕望，有時是「自我」的危機感達到顛峰狀態時。此時「自我」已經被禁錮在因為盲目迷失而無轉寰餘地的死角，和「本我」發生斷裂的境地。但「自我」並未完全絕望，生命有尋找出路的本能，潛意識會懷抱希望，星星就是這希望的化身。

往新生命的引航

潘朵拉的盒子裡，最後一樣不能失去的東西，就是希望。

「自我」往物質現實端傾斜，距離「本我」越來越遙遠（這是一個不可避免的現象，至今人們對靈性事物、內在力量的知覺與信賴仍然非常微小，或懷抱否定），但與「本我」的連結即使再弱，也不能全然斷開，那就是不可以從潘朵拉的盒子飛出去的終極事物。

很多人都有這樣的經歷，積極的追求、迷失、重大變故、覺悟、返回單純與審視內在、做自在的自己。當人從盲目、痛苦、失去要走到領悟、活潑的重生的階段，內在星星是一個引介的角色。

星星人格的形象與特質

啟迪心靈的角色

當人們渴求神性的時候，世界上可能就會出現一些能為人帶來心靈真正的啟迪、純粹無邪的力量的領導者。有時候他不以某個神聖人物的型態顯化，而是在每個角落微型地默默開創了明晰深刻的思維。

在個人的身上這樣的事也很尋常地發生，這是人內在自然的機制。

星星會投射到外在人物身上，也有可能是事件或現象。未必是偉大的智者，可能是平凡小人物，未必是神蹟般的事件，可能很日常，有時你接觸到這樣的人事物，未必馬上理解他扮演星星的角色，但你會自然被其吸引，就好像你抬頭時自然會看見最亮的星星。

非實質、直接但深入的影響

「星星」既非類似「貴人」的角色，帶來的指引、救援也未必是給予現實的幫助

（雖然無論如何他依舊能帶給你現實中的莫大助力，永遠都是如此），而是更根本性的，從最深的意志、精神層面將人拉往改善的局面去。

星星人格可能是你周圍存在的你可以視為範本的人格、生活方式。

星星人格可能給你帶來啟發、指導，也可能介入你的生活，他能影響你的思想、行為模式，改變你和他人互動的關係，讓你重新審視生命的態度，他也可能在生活中擔任你的導師、保護者、伴侶的角色。

守護並帶來勇氣

星星人格也可能本來就在你身邊，但是你過去沒有發現。因為人只有自己希求這樣的人物的時候，才感受得到。

換言之，你的內心其實知道自己抱著怎樣的希求，等著外在遭遇的衝擊，等著時機成熟，等著被特殊的情境激發，才會浮出來。

星星人格像是傳說中的守護天使、指導靈，當然他不是什麼精靈神仙，他只是你的內在期盼找回自己而發生的投射。

星星人格並不是真的你的救世主，就像高掛在天上的星星不會真的墜下來解決人類的麻煩。星星人格扮演希望，他使人的心裡有寄託，產生勇氣和依靠，但終究最重要的是你自己該做什麼，同時星星人格能帶來思維的啟發，但怎麼想、怎麼相信，終究是你自己的決定。

探索你內在的星星如何運作

遇見現實裡扮演星星角色的人

「星星」創造自你的內在，是從你的心靈穿過物質界與另一個人的心靈相連，產生了這樣的關係，這樣的相互影響。

出現在你身邊的「星星」人物未必很神奇不凡，他可能也很普通，更糟糕的是，搞不好是個讓你覺得比你還遜色的人，但他就是能給你帶來些神奇的遭遇、神奇的領會。

有的時候，你也扮演別人的「星星」角色。

當「星星」出現時，必須回過頭去思考在這之前的生命困局，是被怎樣的信念所侷限，為何會感到生命如此絕望而沒有出路，或者無法滿足於看似平常但實則窒悶恐怖的狀態，或無可解決的壓力。「星星」帶來提示，並且「星星」會在「自我」尋求調整的初始階段與之並行，持續發生影響，這時必須同時花時間審視內在，與其他內在人物溝通，尋求不同角度的理解。「星星」的出現絕對通向「本我」，因此往內在找答案是必須的。

面對星星出現的可能反應

星星不能改變你的態度，改變你的生活，這只有你自己能做到。縱使星星出現，多半「自我」這時都還是會抱著很大的懷疑，處於禁錮的狀態也很難一下被打破。此時「自我」通常會發生必然的擺盪。「自我」之前的迷失、禁錮，是長時間的信念結果，星星本身並不具有直接的力量，星星的力量來自於「自我」本身強烈的求生意志，「自我」潛在瞭解若這次沒抓住機會解救自己，有可能就是毀滅。

星星是人的寄託，但要相信星星之下誕生的真是救世主，「自我」卻得反覆推演，因此借用一句哈姆雷特的台詞，「相信、或者不相信，就是這個問題」。大部分人會在兩者間猶疑不決，並且希望能有更強大的具體證據說服自己。

絕望、空虛、恐懼、不安、悲傷，是人的常態心情，有時候有明顯的理由，有時候卻是沒道理的，這都是出於和內在「本我」無法達到融合的狀態。陷入任何無助、無法再信任世界、信任人、信任萬事美好的情境時，仍懷抱希望，注意希望如何顯化在外，小心看待自己的猶疑，勿忘記最終能改變一切的還是自己。

運用你的內在星星人格增益生活

迷障中指出自己真正想要的事物

人必須去瞭解自己內在的期盼。

大部分人的「自我」最後採取的行為，都是權衡之下自己覺得最好過的行為。好比說，表面上出於義理，其實是因為符合義理的行為最能帶來平順。好比說，表面上出於對他人的情感，其實是逃避情感上傷害他人帶來的罪惡痛苦。好比說，表面上出於公正的堅持，其實是沒有勇氣做出背離他人認同的反對。自以為都在符合自己的個性、做人態度的守則，其實都是妥協求安、圖個輕鬆、害怕挑戰的結果。

也有反過來的，自以為追求某種東西非常強烈，世俗的也好、不世俗的也好，投合世人的也好、跟世人唱反調的也好，一心一意這樣去努力，其實都是錯認自己內在的期待，越努力、積極，卯盡力氣，與內心真正渴求的方向離得越遠，結果也沒話說，必然是失望，大部分是兩頭落空。

我實在看太多人信誓旦旦說自己想要的是什麼、最重視的是什麼（自己似乎真的這麼篤信），但是一層一層揭穿真相之後，完全不是這麼回事。我算牌時最喜歡進行這樣的拆解，穿過各種迷宮，戳破當事人始終堅信不已的假象。

「本我」有時會安排讓「自我」在現實裡達成了虛假期待的滿足卻發現失落和焦慮仍然不減，甚至更嚴重，讓「自我」明白先前方向的謬誤。

內在星星也能有助於揭穿「自我」虛假的期盼，指出真正希求的方向為何。

與其花心力質疑，不如信賴

很不幸「星星」出現時，最常立刻造成的是高度質疑。大多數人與其去感受星星的指引，檢視自己內在的希望，以及能從星星得到的平靜、穩定（相信自己朝向新的追求是可信、安全的），反而花更多心力去證明星星的可疑、否定星星帶來的啟發。

星星與內在的靈性有關，但星星的顯化不一定直接與充滿心靈氛圍的事物有關，一個星星投射的人物，或事件，可能只是單純地有可能打破你原本固化的價值觀而已。而且除非你自己主動有意願打破，星星本身並不能做任何事情。

星星提供的思維，當下對「自我」都會具有高度可疑性，因為那必然與以前強烈相信的東西相反，而且它通往「本我」最神祕之處，總是帶有不可思議的成分。也的確星星的出現往往伴隨許多給人感覺「奇蹟」的現象。

請記得要相信「星星」也許會有困難，但「星星」絕對不可能傷害你。事實上信賴星星是安全的，靜下心和內在的星星接觸，導引你從現實裡呼應的星星得到啟發與有用的幫助。

藉由你內在的星星來創造命運

更方便接觸的導師

人往往希望能有一個好導師來指引自己，就像一個運動員必然需要一個好教練一樣。內在有許多富智慧的人物可作為「自我」的導師，但是目光只放在現實世界的人往往希求的是現實世界裡活生生的導師。

「星星」階段的狀態是生命旅程走到最靠近物質界的極致，往靈界的方向返回的階段，它還很接近物質世界，因此「星星」會在現實世界顯現。

我的意思並不是人只有在某種生命階段的時候，星星才會出現，星星始終都在你身邊，但是人只有在絕望、黑暗時仰賴希望的狀態下，因為希求星星，而特別能感覺到他。

好運動員也許想要名教練來教導自己，但是許多古老的武術家是從大自然的草木、動物的姿態、習性、動作，領悟、學得了最高段的密法。星星是什麼樣的不重要，重要是他能給自己帶來多寶貴的收穫、成長。

我最喜歡做的事是從我身邊找鏡子跟找星星，有時候我沒那麼大的耐性向內尋找時，我會偷簡便地向外求教，我就會開始從我視為鏡子和星星的人身上檢視，這麼做往往提供我非常豐富的答案，有助於導正一些錯誤的方向。

成就生命只有自己負責

我的經驗裡，縱使辨識出擔任星星角色的人，縱使也相信星星不斷給予啟發，自己真的能從這啟發做出進步、成熟、堅強、改變，卻並不容易。

反覆咀嚼、嘗試，再從錯誤中學習，可能還是會跌倒，再爬起，再試，這些都很磨人，但只要信任、堅持，就會嚐到甜美勝利的滋味。那種一再失敗，以為成功了事實上卻並非如此，幾乎快放棄時，終於苦盡甘來，獲得了力量和新生的感覺，是無比暢快的。

信任不容易，即使信賴了，一旦懷疑滋生，很容易又把信任的基石破壞，記得問題都不會在你的星星身上，而在你自己。一個人只對自己的心靈，自己的「本我」，自己的靈魂負責。我見到世人最大的能耐就是認為別人應該怎樣，別人應該改變遠勝過自己需要什麼改變，這實在滑稽愚昧，生命經驗是你的、成長與學習與慶賀是你的，這些與別人無關。人與人的互動和影響，是相互提供各種形式的衝擊、暗示、輔助，但最後主導創造的是自己。只有你自己需要用盡一切方法達陣，和「本我」做最終的結合，完成這段生命旅程的任務。

邁向內在的和諧與融合

「星星」出現的目的是較諸前面各階段更進一步整合人格，尤其是經歷過很強的固化與偏執階段，「星星」將帶來更完美和諧的人格提升，也更能使用內在力量。借重「星星」，擊敗「自我」的懷疑，更能自如地接觸潛意識，能有更高的力量讓心靈與外在連結，換言之，勝過表面「自我」有所侷限的努力能做到的事。

來到「星星」已與和內在結合不遠，但很多人依然刻意忽視「星星」的存在，「星星」能帶來對命運抱持深沉穩定、無所畏懼的信任的強壯力量，但「星星」代表的是希望而非實現，它還只是一個發端，侷限也尚未打破，因此「星星」階段也是生命歷程很重要的關卡。

透過懷疑、恐懼來驗證你的人生信念——呈現事物陰影面的XVIII月亮

關於月亮

榮格以煉金術來象徵人的「自我」和「本我」的融合，會經過三次合體，每次的融合都會經過一番衝突、戰鬥。「命運之輪」轉動後，必有動盪、紛亂，必須揮下「正義」之劍來做裁決，是死生消長之爭。經過「高塔」、「魔鬼」，之後的「星星」、「月亮」也是猜疑、毀壞的產生。

我們說到每個個體的心靈間原本是沒有界線的，是連結相通的狀態，但是脫開「本我」，人跟人是完完全全分開，徹底不相互瞭解的。

在這種對外在，對世界，對人毫無完全的掌握的狀況，人被丟到物質界，就好像赤身露體置身荒郊野外，四周是毒陽凍雪、豺狼虎豹一樣，沒有保護，不理解環境，弱小、無知、可憐。人的驚慌、怖懼、憤恨是可想而知的。

「月亮」意味懷疑、欺騙、不安，當「自我」無意識地受「本我」影響時，「本我」其實一直潛在地施展他的能力，但是「自我」要正面去面對「本我」時，必然會恐慌，不能信任。這除了是「自我」的自然反應，也是「本我」刻意讓「自我」保有他懷疑的自主性。

但因為「月亮」是「本我」對「自我」抱持懷疑、排斥、否定的容許，因此「月亮」也是Major Arcana第一次呈現「陰暗」的部分。很多人把「死神」、「魔鬼」這些牌視為黑暗、邪惡，但其實它們都只是一些中性的生命狀態，「死」、「生」、「毀壞」、「重建」都是任何事物自然的、必然的階段。嚴格說來「月亮」的猜忌、背叛、傷害，較符合人類認為的「負面」素質。

但事實上，這並非真正的負面情緒、負面能量，所有「本我」給予「自我」的能力，都在協助「自我」做創造性的發展。

我們在前一章「星星」的階段便已提過，人既懷抱希望，但卻又不信任，那是因為將生機寄託於希望上時，是生死存亡的關頭。這就好像在懸崖邊上不敢倚靠著欄杆，深怕這欄杆萬一不牢靠、不實在、是虛假的、騙局，就會摔個粉身碎骨。

「月亮」是一個戰勝猜疑的考驗，也是學習如何信任、判斷何謂真實的考驗。

內在月亮所掌管的機制

自我保護必須存有警覺

懷疑和抵抗的機制是人的自我保護，警覺、不信任、憂慮是人的一種本能。人與內在靈魂脫離本有的合一狀態，進入物質世界，就喪失和萬物相通連的知覺，如果背後有野獸要攻擊自己，在無法覺察的情況下，可能一命嗚呼，人的肉體配備柔弱，後腦杓沒長眼睛，所以一定要提高警覺隨時戒備。

由於在非肉體型態時，意識彼此是沒有界線的，因此根本就不會存在任何猜疑，這就好比我們彼此若是對對方腦子裡所想的事物一目了然的話，欺騙不可能存在，當然無懷疑猜忌可言。

但是人進到肉體型態時，如果繼續保持這種天真就很危險，因此「自我」需要對外在有警覺心，這是一種保護自己抵制外在的機制，就好像免疫系統一樣。

抱持懷疑使人有更高的創造性

隨著人類生活形態的改變，對自己會造成威脅的已不是野獸，而變成自己的同類，應該說，野獸變成了各種其他的形式。

人類對自己的同類——這個「同類」也不只是生物分類上的定義了，包括抽象形式的——發生警覺。人們習於把猜忌當作品德的不完美，其實這是很古怪的，我們並不會把一隻蟑不太喜歡螳螂視為很小氣。

對不知道、不明瞭、無法看透、無法操縱、自己無法證實的人事物抱持不信任和排斥，甚至敵意或攻擊性，是「自我」發展的心理免疫系統。

但是月亮掌管的這種懷疑、排斥的機制，並不只是為了讓「自我」用來保護自己。唯有不相信的事會讓人產生好奇，唯有不瞭解的事才會驅使人做出努力去瞭解，凡事不懂得懷疑的人是不可能有創造力的。

「本我」用來協助「自我」的一切機制，都存有使「自我」以更高的創造性經營生命旅程的目的。

用自己的力量證明對的事

縱使信任是一件重要的事，信任常被視為一種美德，能對人或事物或某種原則、理想、精神抱以堅決的信任似乎是件好事，然而盲目的信任卻是危險、不良的，還不如不信任。

「自我」除了對他生存環境中的一切持有警覺和懷疑，對內在的「本我」的存在也會抱以懷疑、抵抗，這是自然的。所以即便我一直強調對內在的信賴，我並不是說「自我」得無條件相信「本我」，這本來就是不可能的，「自我」若是能全然相信

「本我」，一定是對自己與「本我」的關係從接觸、溝通的經驗獲得足夠的瞭解。

換言之，如果我說了你要相信「本我」的訊息，以及內在人物帶給你的安全，你的月亮機制也不會讓你馬上照單全收。就算你自認為立刻相信了，月亮機制也會使你不斷產生動搖，直到你用自己的力量證明。

月亮人格的形象與特質

猜忌心理塑造出符合的「真相」

我們在談某個內在人物的形象與特質時，是幫助我們對這個內在的「作用」予以「人格化」的想像，有利於更理解如何掌握他，感受他運作的情形。用這樣的方法使我們可以從自己身上或者從外在去找呼應，並且延伸這個人格作用的可能現象，以及揣想可能造成的影響。

月亮人格聽起來較為負面，原因是「自我」的主觀意識使得月亮的影響很容易呈現這樣的表現方式。

「月亮」呈現受猜忌的情緒暗潮所左右的人格。

這就是所謂亡鈇意鄰，懷疑鄰居小孩偷了斧頭，看他一言一行怎麼看都像小偷，自己找到斧頭了，再看鄰居的小孩，一言一行都不像小偷，這實在是很寫實的描述。你怎麼相信世界是怎樣，他人是怎樣，真相是怎樣，你看到的事物就全都符合你的想法。因此猜疑實在是太容易的事。

信任一個人，信任某件事，信任某種觀念，是很難的，但是動搖這個信任、毀滅這個信任卻太容易。就算獲得證明的事，過一陣子，還是可能懷疑。鄰居小孩沒偷斧頭，但是改日斧頭又遺失，照樣可能懷疑鄰居的小孩。

疑慮使人逃避也可使人未雨綢繆

疑慮沒什麼好壞，有些人的疑慮看起來好像純粹的神經質，讓旁觀者覺得多餘，可是有時候卻證明他是對的，只有他一個人事先就看出事情有問題，當然也可能相反。我觀察一些有被迫害妄想症狀的人，他們可能因為生活經歷、過去遭受的巨大或長時間傷害，導致對大多數人或事抱持著看來極不合理的懷疑和憂慮、不安，但很不可思議的，我發現他們料中的情形也不少。可以說他們對被傷害的可能具有高度的敏銳知覺。

現實生活中，不安全感可能使人退縮，但也可能有助於人做出建設性的努力。好比說，如果經營公司感覺有危機，就會想辦法去改變情勢，無論是積極打探對手的情報，或者對開發市場做更多努力，或尋求結盟，或內部體質改善等等，找出弱點與弊病，謀求發展和提升的方法。

利用陰暗面進行謀略

正如我們在前面說過的，肉體生命的狀態使「自我」無法覺知他人與事物的真貌，換言之，對「自我」而言，有他看得見的表象世界，跟他「看不見」的檯面下的世界；在現實生活中，後者指的就是背地裡的事情，自己不知道的「在別處運行」的事情。

反過來，自己這邊也有「背著別人」所做的事，或者跟公開表示的、口中說出來的不一樣的行為、事件。有光便有影，有太陽照到的一面，便有太陽照不到的陰暗面。這些檯面下的、背後的、私底下的，都有如陰影的那一面。

「負面」這個詞是人給的定義，但某種層面來說，它只代表「另一面」。自我」非常聰明，會給予月亮人格這種負面性加以利用的方法，善用他人「有所不知」的可能來進行謀略。

探索你內在的月亮如何運作

找出造成懷疑的基礎

人在偏執、不理性的狀態時，是不會有自覺的，並深深相信種種事實不斷在佐證自己的猜疑想法。「自我」如果有偏失，本來其他內在人物會指引「自我」做判斷，但是「自我」利用內在月亮會助長自己的懷疑和排拒，並且變得更聰明狡猾。猜疑、不安之心發生時，必然有發生這種想法的基礎，把它找出來，目的不是要辯證出一個結果，到底你的成見或者相反端何者才是真相，而是從這個狀態中找出你如何調整自己價值邏輯和生命態度的線索。

因為這才是內在月亮的初衷。

對事物的表象意義抱持懷疑

雖說往往偏執的猜疑是不自覺的，或者自覺了，但不自覺有什麼問題、不妥，但建立有益的疑心卻是可行的。

前面的章節我都談過要注意內在人物給你的暗示以各種象徵的形式在你周圍發生，某些很平常但又不那麼日常的事件或遭遇，真的就只是沒什麼意義的偶然嗎？保持敏銳的警覺、注意和懷疑，以及推敲和解讀，能讓人熟練地和內在交流互動。

事物有許多合理的表面上的理由，好比說，你因某事去了趟醫院，回來生病了，馬上會認為因為醫院病菌多被傳染，是毫不意外的事，而不會去懷疑其實是內在藉由身體的感染來提醒你，你有某些運作狀態的問題。醫院、病菌、感染，或者你曾在醫院發生的某些好像微不足道的遭遇，或者去醫院的理由，都可能充滿象徵性。越保持這種警覺和懷疑，能獲得越多資訊，當很多資訊並置在一起，可能會指向同一個方向，可能串連出較為全幅的心靈狀態的景觀。

提醒自我與內在連結

「自我」對外在世界中的人或事所產生的懷疑和排斥、對抗，有時也是「本我」的反抗的顯現。當生命旅程走到「月亮」的階段，「自我」面臨強大的壓力要去面對「本我」。「本我」為了引導「自我」、矯正「自我」而投射出去的各種形式的情狀，以「自我」在現實中周圍的人出現或事件發生的形式，「自我」會加以抵抗，甚至採取欺瞞、惡待的手法。此時也會發生類似鏡像反射般的效應，自己也感覺自己被欺瞞、傷害、攻擊。

這是「自我」進行內在的整合的重要階段，月亮一方面造成「自我」與「本我」融合的阻礙，但一方面也迫使「自我」做出判斷和努力。

外在人際關係的不和諧，有時與內在人格的不和諧是一種呼應，也是「自我」和「本我」疏離的呈現，外在世界中發生負面人際關係，面對他人、處理事務時的自信與安全感受到傷害，也是「自我」與「本我」疏離而發生的恐懼的一種顯現。

「月亮」帶來的不安，也提醒「自我」需要與「本我」連結的迫切性。

運用你內在的月亮增益生活

以創造性的方式來運用陰影

正如前面曾提到的，懷疑、不安、陰謀聽起來都很負面、不可取，但其實也可以正面地看待、運用。

事事懷疑能使人看到原本視為平常的事物之奇特，或看到其實在眼前其他人卻看不到的事物，能從合理中看到不合理。好比每個人都天天看到蘋果（指任何有重量的東西）往下掉，並沒有人去想過這有什麼奇怪，只有牛頓認為可疑，為什麼它不往天上飛？也因為有這種不尋常的質疑，使得印象派畫家能看見過去的畫家看不到的光影，讓諸多現代主義畫家能從事物的表面看到突破它本有顏色和形狀之處。

「月亮」縱使呈現陰影的一面，但它也只是光的反面，光或影本身毫無善惡可言，善惡是人為的定義。我們說過這好幾次，大自然的運行無所謂善惡。

利用他人無法覺察的部分來進行謀略，也並不一定就是陰謀，就算是陰謀吧！也有人認為無妨，畢竟兵不厭詐，但是所謂他人無法覺察的層面很多，你看得到別人看不到的事物、層面都是。

不只是從光的觀點看事物，也要從影的觀點看事物，才是整全的視野。

恐懼所帶來的用處

人面對不安的時候，多半希望找到能讓人安心的證據，好比說，懷疑另一半有外遇，處心積慮去找線索時，雖然好像是要找出證明自己猜測的證據，但其實心裡希望的是結果能證明此一猜測錯誤。又或者擔心工作的機構會倒，到處打聽內幕消息，心裡希望保住工作，當然想聽到的其實是此事乃空穴來風或誤會。

通常事實呈現的結果證明自己猜忌為錯，隔一陣子猜疑之心又會復發，似乎只有證明自己恐懼的事為真才能停止。結果，克服恐懼的方法常常是讓恐懼成真。

因此懷疑和恐懼發生時，除了表面上的理由，也要從其他角度、層面來思考這件事有其他的意義的可能。好比說，害怕跟懷疑某項重要投資會失敗或遭欺騙，但同時又貪圖似乎可能得到的利益，因此搞得心神不寧，此時內在也許正是要傳達訊息給「自我」；懷疑本身會讓人痛苦不安，伴隨的事情的各種演變——始終在猜忌、求證、爭執的亂局裡煎熬，到頭來有可能真的以災難收場——是使「自我」能成長和進化的手段。另一個訊息則可能是，這正是放棄這項投資轉換跑道的契機。

對本我正面的懷疑

至於對自己內在的懷疑，這本書裡談到的許多與內在溝通去接觸「本我」，獲得「本我」象徵性的或直接的暗示，都有可能讓人感到懷疑；談內在的力量與神祕的結構已經很令人疑心了，更別提與內在直接的接觸。縱使真的遭遇，如過份強烈的巧合，明確的異象、超感知，極端的、帶有宗教神祕色彩的情緒感應，都可能造成「自我」的不信任、反彈。

這樣看來內在月亮像個窩裡反，身為「本我」所派遣的神之手，卻是讓「自我」來抵抗「本我」。不過，這就像功夫電影裡師傅叫徒弟來打自己，徒弟才知道自己跟師傅的差距，也才能摸索如何進步、致勝。

月亮能激起「自我」對「本我」的懷疑，這種激發也能促進自我與「本我」接觸。每次當我意圖對他人解釋「本我」的這些運作，也會審視對方月亮作用的強度，有時會遭遇很強的懷疑和抵制，不過絕大多數碰到的機會都是對方正好走到生命轉捩點的階段，原本月亮的作用是排拒「本我」的，此時對其「本我」的疑心、否定，轉為正面的好奇的懷疑。

藉由內在月亮來創造命運

新的信念體系接受挑戰的關鍵時刻

越是在生命的重要階段，越會發生「月亮」的狀態，內在的月亮人格的特質必然會顯現。

我們提到生命狀態逐漸建立起新的信念體系，因此也會面臨外在世界對這個新體系的挑戰。有關於這個新的信念的確立，沒有人能替你指出究竟該不該相信什麼，任何人都不可能代替你決定什麼是對的、真的、好的。

所有人都不信的事，也沒人能剝奪你信的權利。所有人都相信的事，也不可能硬逼你跟著相信，假如你不信的話。信就是信，不信就是不信，這沒什麼偽裝、模糊可言。因此，不需要大聲疾呼你相不相信，尤其是面對「本我」，你自己可以決定生命狀態是要前進或後退。

然而，到了這個階段，再繼續往前，將會進入非常燦爛的一頁，下一個階段是「太陽」，那非常棒，是我最喜歡的一個狀態。

慎防倒回魔鬼階段的狀態

無論是「星星」或「月亮」階段，人都可能有倒退回「魔鬼」階段的危險，也就是你又會回到被固執己見、盲目、自我中心、劃地自限、耽溺、失敗和空虛感所困、所痛的狀態。

懷疑本是好的，人若凡事不抱懷疑，就不會有自我意志，不從懷疑中求證，也不會進步。恐懼也有好處，會讓人思索如何防禦、如何強大，但過了頭就本末倒置，變成為懷疑而懷疑，恐懼也會使人偏執，變得盲目。

盲目相信是愚蠢的，盲目不信也一樣，兩者是同一回事。盲目不信不是有益的懷疑主義，也不是聰明，只不過是盲目的相信那個不信而已。

趨近與本我和諧一致的時刻

自欺欺人若沒有解決，不可能達成內外和諧（此時真的心想事成，無憂無懼了）的境界，內在月亮作為測試有其必要，很多人以為自己信仰、遵從了什麼理念，其實完全不是這麼一回事，連自己都騙過了自己。內在月亮會搖晃你，讓你感受自己的擺盪、不安，內在月亮會在很多關鍵時候讓你意識到自己的焦慮、恐懼才是唯一真正相信的事。

因此當你有機會走到真正符合你生命的設定的路途，當你開始認知內在的自己完美的方向時，內在月亮會要你學習真的去相信、接受、合一。你會從反覆震盪的懷疑、否定中，逐漸瞭解你到底清澈地明白了沒有。

在此同時仍要持續茁壯自己、尋找智慧，才有辦法學習信任「本我」，否則無法奮力往前進，這其實是必須提醒自己不能後退的階段。生命的所有難題是否能被解答、突破，往後是否能朝向完滿、和諧，身心靈合一的新生能不能展開，就看這一關了。

帶來與內在完美融合的新生自我——自信自在充滿生命活力的 XIX 太陽

關於太陽

「太陽」意味新生，圖面也是一個充滿生命力的活潑嬰孩，騎在象徵純潔的獨角獸上。

歷經與「本我」的融合，「自我」有了嶄新生命，以全新的視野、目光來看世界。

人看待任何事物，眼光不同，事物就變得不同。我們說事物沒有變，是自己看的角度變得不一樣。其實不只如此，很多以前看不見的東西，現在可以看見了。說得精確的話，並非事物沒有變，只是自己看的方法角度有變，事實上，看事物的主體變了，周圍的客體確實是也跟著改變的。物質世界並非已經放在那裡，等我們來看見它、感受它，物質世界是我們每一刻所創造出來的，當我們創造的心態改變，世界當然本身也改變了。

生命歷程走到「太陽」，「本我」的智慧與內在人格的各種特質逐漸和諧融入「自我」，誕生了新的「自我」，這個「自我」有如純潔的嬰兒，以好奇心和熱情的生命力面對世界。

但雖是嬰孩，卻非「一張白紙」，圖景上有一明亮和煦的太陽，發出二十一道光芒，這光芒象徵Major Arkana的二十一個階段旅程，換言之，生命經歷所習得的經驗累積的智慧、所有內在人格的特質是沒有消失的，仍然伴隨著新的「自我」。

這也象徵著人類的過去累積的所有歷史，並不會因為時間消逝，我們以為已經脫離了過去的時空，便不再存在，形同虛設，其實我們依舊在歷史的籠罩之下，人類集體的記憶、學習經驗、累積的情感力量，都仍時時刻刻發生它的影響。

但新的視野永遠在產生。正因為舊有的情感、記憶依舊存在，依舊提供珍貴的智識和力量泉源，站在這些過往旅程的累積之上，人類是逐漸增高的，逐漸看得更廣更遠的。

宇宙永遠有前一刻我們尚未發現的真貌，等著這一刻新生的我們去看見。

內在太陽所掌管的機制

新的自我與本我的建立

經過「命運之輪」的轉捩點，「正義」、「倒懸者」、「死神」等對「自我」內部信念的重新整理，「節制」、「惡魔」、「高塔」的挑戰，「星星」、「月亮」的考驗，到了「太陽」，新的「自我」隨著新的信念架構建立起來了，這個新「自我」融入了內在的智慧，是與「本我」兩者相互增益的成品。

生命從靈性端出發，深入物質界，到最遠端後折返，回歸與自己的靈魂靠攏，「太陽」是「自我」成為一個更豐富的成熟體的新階段。「自我」在物質界的衝撞，可以說是代替「本我」進行一場精彩冒險，縱使充滿艱難，因為「自我」很無知，對「本我」來說卻是活力十足的體驗，「自我」與「本我」皆相互回饋，達成了一致和諧的更新，猶如朝日升起，這便是「太陽」的狀態。

仍然力求創造與前進

新的「自我」初步形成，與內在已有了和諧，但不表示「自我」任務結束，生命旅程劃上終點，「自我」此時無疑較之前有了更大的力量、更多智慧、更寬廣的視野，「自我」是否要以這個新姿態繼續生命的冒險，「自我」可以與「本我」一起決定。

大多數人要在生命很晚的階段才有辦法達到太陽的狀態，或者終其一生並未達成太陽的狀態，而進入太陽狀態的人，也還是會面臨生命的種種挑戰，「本我」依舊會期待「自我」能做出更多創造性的生命體驗與成長。

「太陽」使「自我」較之前的階段更能以愉快的心情享受生命，因為「自我」已經不再如過去那樣受束縛。

太陽人格的形象與特質

有如新生兒的好奇心

太陽人格總是充滿好奇心，對任何事也不預設立場。太陽人格有很大的包容性，即使你說一件再離譜的事他也不會毫不思索加以駁斥。

但是太陽人格的好奇心並非因為他缺乏經驗和知識以致於凡事大驚小怪，剛好相反，正因為太陽人格有更多的經驗和智慧，所以他知道表面的事物常常是一種偽裝，或者在看來普通的事情底下有更豐富的東西，或者沒有人相信的事他卻曉得裡面的蹊蹺在哪裡。

太陽人格永遠讓自己用不同的角度看事情，當別人都說應該是如何，當別人都從某個方向看過去的時候，他永遠試著換個思維，換個方向。

浪漫理想但睿智成熟

太陽人格會給人一種心性「單純」的感覺，但並不是「簡單」。

太陽人格也有愚人人格有的理想、浪漫性格，但比愚人人格成熟，沒有盲目的愚蠢。

太陽人格通常都有豐富的閱歷，但因為他不為一般世俗總以為的好像怎樣的事就該有怎樣的反應、怎樣的經歷就該讓人變得怎樣等等那些陳腐的觀念所左右，因此太陽人格有種自由豁達的氣質。

太陽人格有充足的自信，但毫不給人自滿自負的感受，因為太陽的自信是一種安然，換言之，他根本無須去自覺自己的自信，恐懼、不安，企圖證明自己的焦慮等都自然地已不存在。

自在不受侷限

太陽人格因為他的經驗閱歷與智慧累積，知道他自己依舊是淺薄的，世界還有更浩瀚深奧的祕密，是最自大聰明的人類也望塵莫及的，因此太陽人格謙虛但不劃地自限，太陽人格不會被表面的困局所迷惑。也因為如此，太陽人格有充分的自信他不會為局勢所操縱，而是反過來他有掌握局勢的力量。

在太陽人格眼裡，挫敗、傷感、奸險、失落都不是真實的，你可以把這解釋成樂觀，但太陽人格其實是因為隨時都用更大的視野企圖用更接近全景的角度去看事情。可以說太陽人格既像是智慧的老人，又像是天真的幼童，既像精力充沛的男人，又像是溫柔包容的女人。

探索你內在的太陽如何運作

不再有束縛的愉悅

擁有太陽人格是一件很美好的事，內在太陽能為「自我」創造的最美妙的特質，是讓人感覺溫暖舒暢的自信，以及安然愉快的自由。這大抵就是人生追求的最理想的狀態了吧！

人一生下來的時候，是不知束縛為何的，等發現的時候，經被束縛所制約了。到了某個階段，有些人會開始質疑這束縛是有道理的嗎？有些人則反而認同了束縛，甚至依賴這個束縛。慢慢的有些人想追求自由，有些人恐懼自由，前者開始摸索挑戰、打破束縛的方式，後者既為束縛所苦，又逃避思考掙脫束縛的可能。而掙脫了束縛的人，可能又給自己製造了新的、另一種形式的束縛。

最成熟的狀態，則是超越了束縛，因為框架已經不存在，一切邏輯都已被包容在內，無所謂束縛可言。

生命追求的境界莫過於此，我知道這樣講有點陳腔濫調，但真相確實是，人人都能創造出自己的太陽。

辨識不實的太陽

先前曾提及，內在人格的特質也經常會外顯在「自我」的表面，也就是說我們能從「自我」身上看到這樣的人格素質，然而，也有很多時候這樣的外顯是不實的，只是一種虛假的表象化。

太陽人格尤其容易有這種情形發生，包括「自我」也以為達到了太陽的狀態，其實不然。

多半是有過宗教經驗的人，因為感覺自己曾經（或持續）與神（其實就是「本我」的一種型態）接觸，因此很積極地顯化太陽人格。但許多這樣的人卻同時也很堅持己見，對自己的真理很拘泥，雖然表現出溫柔寬大，但實則本位主義嚴重，太陽人格非常重要的素質——對自己不理解、不認可的事物懷抱歡欣的好奇和熱情的興趣——是付之闕如的。這樣的人非但無法汲取太陽人格的優點，甚至還有與太陽人格漸行漸遠的危險。

接受本我智慧與動力

太陽是「自我」和「本我」進行融合後誕生新生人格的機制，因此太陽人格是「本我」和「自我」和諧的產物，拒絕相信「本我」存在（不一定要去給「本我」一個怎樣的定義，也不必接受榮格心理學，信奉任何一種宗教，或者不信特定的神都無妨，只要感受內在的超越性，或自己能與宇宙的奧妙合一，自己怎樣去詮釋都行。）怎可能將「自我」放進「本我」，當然也就無法擁有太陽人格。

換言之，縱使我說太陽這樣一個美好的人格狀態，是「自我」與「本我」和諧融合才可能發生的，但你可能真的找到某個十足太陽狀態的人，從來沒去想過什麼榮格或心靈這類事物，這並不奇怪，內在的智慧本來就會源源不絕對「自我」予以幫助，全看你願不願意放開劃地自限的鎖鍊。我們已在大半本書裡描述了「自我」怎樣運用各式各樣的機制來驅動、促發「自我」來變化、行進，不管你知不知道那是怎麼運作的，它都在持續運行。

運用你的太陽人格增益生活

恣意的完美自在

「太陽」是人的生命歷程最圓熟完美的狀態，人類的物質生命之旅，目的就是獲得豐盛的經驗，藉由神祕壯觀的創造（以心靈為原點），而「太陽」的狀態是最暢行無阻的。

我發現已走至「太陽」狀態的人都有個共通點，他們不畏俗世的眼光，他們並不刻意去挑釁俗世規範，很自然就能被俗世認可，可又不受俗世規範束縛，自在地穿梭享受。這是很不可思議的，同樣可能會被世俗規範質疑的事，普通人做可能會遭撻伐，但「太陽」狀態的人卻不會受此影響。

如果硬是要去找理由，可能會讓人納悶，其實這也是心靈的內外呼應的作用，太陽能欣悅接納世界，而且是無條件自然地接納，因此世界也會反過來同樣對待。我提過多次，內在世界與外在世界的同步性，以及如鏡子般的反射效應。

以旺盛熱情對待生活

另一個共通點是，從太陽狀態的人身上可以看到非常旺盛的生命熱情，他們衷心擁抱自己做的任何一件事，充分感到滿足。在這個層面也同樣不可思議，他們不刻意追求俗世名利，只不過出於自得其樂而做的事，碰巧都能獲得俗世肯定和名利（或大或小，也並非全面性的，可能在某個領域內）。

每個人來算牌問自己該做某事嗎？該換工作嗎？去哪裡好嗎？我問你對這件事到底抱多大的熱情時，對方都會反駁，可是環境怎樣，可是要考慮回饋怎樣，可是如果失敗或徒勞有多不划算，抱著這種想法，基本上我覺得答案不用算都知道。

抱持真正的熱情，就是做這件事的本質，就是它的實質動力，就是它環境的創造，也就是它的成果。

「太陽」能使人完全感受自己看待事物、以及去行動的熱情，並且絲毫不擔心不利、匱乏、挫折、失敗，事實上太陽能使人乘風破浪，如履平地。

沒有不喜歡的事情

擁有內在太陽，處於太陽狀態的人，不老在為普通人生活老是冒出來的種種難題煩惱，不是說他們就不會遭遇難題，不是說煩人討厭的事情就不在他們的生活中出現，也不是說他們就有超人的能力輕易化解，但他們絲毫不會覺得這是讓人焦慮、不安的事，他們也很自然地顯現這種輕快豁達的氣質。

他們是凡人，當然依舊免不了愁苦，也會有人情困擾，也會有勉強自己的時候，但對他們都沒有太大的影響，他們也很善於把這些負面遭遇轉變成正面、有益的情境。

並非「太陽」的狀態是人們眼中以為叫做「運勢大好」的狀態，而是在「太陽」

的狀態中，心靈與外在最一致，他不去創造自己不喜歡的命運，那樣的命運就不可能出現。

藉由你內在的太陽來創造命運

太陽與之前的自我創造生命的差異

雖然生命的運行有階段的順序，但並非掌管每個階段機制的內在人物只在那個狀態時作用，所有的內在人物都時時存在著，為「本我」派遣，為「自我」所用，發揮他們正面的功能，使「自我」的能力發揮臻於圓熟。

因此，太陽狀態既是與「本我」的和諧融合，那麼太陽也等於讓「自我」擁有了其他人物素質的優點，並將其掌管的能力運用自如。但前提還是在「自我」與內在合作打造的信念體系之下。

正因如此，太陽能使「自我」掌握了自己的本質，這種欣然其實與得到自己生命藍圖的全幅視野無異。

在未達成太陽的狀態時，生命已是一種創造，由「自我」主導的創造，但「自我」並不知道，且迷惘於如何創造，更不解自己創造的結果。「自我」以為有一位神掌控了外在一切，或者沒有任何東西掌控了外在的一切，總之運氣好壞無法掌握，但事實上運氣是沒有意義的事。

而太陽的「自我」則雖未必是有自覺的創造，真的覺得自己如神般呼風喚雨，卻是有活潑的意願的創造。換言之，先前的「自我」有如拿筆在牆壁上塗鴉，自己並不知道在畫圖，也不知道能依自己意願去畫圖，但是在這個過程中逐漸瞭解了畫圖是怎麼一回事，而太陽則是找到了畫圖的樂趣，想著這樣試試如何？那樣畫會否更有趣？

隨時積極尋求內在太陽

我記得有次幫人算牌，指出他正面臨命運的轉捩點，而這場奮戰艱苦會遠多於愉悅，並且感覺沉重，連具體事件是哪些，和什麼人有關，我都說了，對方臉色變得很沉重，我只好安慰他，人類的習慣就是較能從痛苦、打擊中學習，而不是從歡樂、順遂中啟悟成長，他聽了也覺得有道理，能接受。

問題是，誰規定只有痛苦能使人成熟呢？誰規定非得要受傷和挫敗才能打開視野呢？縱使太陽是歷經了豐厚的、包含了各種酸甜苦辣的生命經驗歷程才換取到的人格（這裡是指新的「自我」），但我們為什麼不能在達成太陽階段之前，就借取太陽來創造命運呢？

內在的世界並沒有外在世界的時間性，沒有什麼不能打破的順序，基本上，也沒有所謂的順序，因此內在太陽也是永遠都存在的。既然如此，你當然可以在新「自我」發生之前，就越過時間去和他對談，摸索他的形貌，而在現在、當下使用他。

既然你已經知道了，太陽的狀態之前的「自我」創造命運與之後的差別，為什麼不能馬上開始那樣的創造的企圖？畢竟所有的內在人物都會在「自我」清楚自己的意志，並有充分意願與之溝通的情形下配合。這終究是「本我」從一開始就期盼的。

評估裁決你的所作所為是否合格——通往天堂或地獄的XX審判

關於審判

「審判」的圖景是加百列吹號角，死人皆從墳墓裡復活。這可能讓人聯想到典型的末日審判的場面，義人將會上天堂，罪人下地獄。但這張牌裡被喚醒的死人模樣並不驚恐，反而充滿期待的模樣，好像每個都很有把握自己應該會被分派到天堂那一掛。

死後上天堂或地獄如今已成為一個過時的概念，人們已很習於「天堂」和「地獄」其實就在身邊，這並不是個文學性的或比喻性的說法，它挺實在的，只不過，「天堂」和「地獄」並不是善惡的賞罰結果，它和我們之前提過的各種命運遭遇一樣是心靈的創造，只是它被歸納成兩種極端的情境。

人類太喜歡用賞善罰惡的概念，因為人為世界的秩序相當程度仰賴道德制約，我們在談到人類的生命旅程當中，人為世界的王國、法則的建立時曾經提過。但心靈的審判不依據人為世界的法則，與道德、律法、善惡等所有人為社會的價值系統無關。

心靈的審判藉由加百列的號角，提醒人審視肉體生命之旅是否實踐了他的目的，是否記得他的出發點。

生命旅程有如人的創造作品，個人如此，人類集體的生命歷程也是如此，文明是人類集體的創造成果。很有意思的是本世紀以來人們對末日這個題目很有興趣，過去各種神祕文獻、通靈人預言過好幾次末日來臨的日期，被視為笑話，但是現在科學家卻一本正經地估算出來地球剩下的壽命只剩多少了。

「審判」帶有一點清算的味道，通過「審判」的計算，檢視個人的生命旅行的某種經驗是否該終結，是否繼續，或者賦予更嚴厲的形式，甚至個體的整個生命旅行本身是否終結，後轉往下一次旅程。人類集體的某種經驗是否該終結，是否繼續，是否有更深沉的考驗，人類集體的末日是否來臨，也會在此有了定論。

只是主持「審判」的不是別人，就是內在最深處的靈魂自己。

內在審判所掌管的機制

自我是否有效增長了本我

榮格從古代煉金術中洞見「自我」和「本我」融合的過程，並非只有單方向的「本我」增添了「自我」，在此同時「自我」也增添了「本我」。

肉體生命之旅的意義就是如此，靈魂創造肉體的物質世界經驗，肉體在物質世界的生命經驗也同時豐富了靈魂。諾斯底教派說人替神擴展經驗，是同樣的意思。

在煉金術的過程中，「自我」和「本我」融合，兩者都會發生轉變，因為雙方的經驗重新改造了彼此，兩者都變得與原來不同。

我們曾在前一個「太陽」的階段，提過太陽就是一個新生「自我」的狀態，他也來自更豐富的「本我」。

而「審判」的目的，便是通過他，審視「自我」在物質界的努力以及和「本我」交流過程所發生的轉化，接下來便是應該往新生的成長繼續走，否則「自我」在物質界的行動便會受到質疑，可以說是動搖到「自我」的存在必要。

審判的評斷依據

「審判」並非以世俗人為的善惡標準進行賞罰評斷，內在對生命狀態的審判就像小孩子的才藝考試，但評判的標準不是誰做得好（何謂好呢？哪來的好壞之分呢？）而是你是否把你的想像力、熱情、創造性全都發揮出來了？你是否盡了全力試探各種可能，並且盡情享受了其中的樂趣？

「審判」除了檢視生命狀態，也會從細部審視，好比說針對某些單一的課題，是心靈想要藉由物質界的生命機遇來探索的，但「自我」做得不夠好，內在未獲得需要的轉化，那麼此一課題就會持續糾纏，創造出重複的經驗。

審判給予的結果

有時相同的經驗無法有足夠的驅動力量，內在也會採取更嚴厲的手段，「自我」可能已經陷入僵化，不僅無法靠自己掙脫，也無意掙脫，更不聽取內在的意見或者接受幫助，那麼審判也許會做出決定，讓「自我」陷入更有震撼力的局面或風暴中。

另外也有對生命旅行而言是終極的可能。生命狀態（與物質世界的銜接，心靈在物質世界顯化的模樣）是心靈的創造，忘掉了創造的本意，就會失去熱情，失去方向，樂趣消失了，只剩挫折和焦慮、迷惘，陷溺在痛苦中，直到完全失去創造的欲望，徹底迷失。

有幾種可能會讓內在做出終止創造（也就是肉體生命）的決定，一是達成目標（稍後我們會談這個部分），一是喪失欲望，一是看不出更多創造可能。

當「審判」機制做出決定，內在會選擇適合結束生命旅行的方法。表面的「自我」不會參與「審判」進行，因此肉體生命的「意外」結束有時看起來完全背離「自我」的意願。但很多時候肉體生命意外或非意外的結束前夕，「自我」會有知覺（隱微或莫名的預知）。

審判人格的形象與特質

猶如法官或審判長？

內在審判人格聽起來他好像是個審判長，人在等著被他定罪，有罪還是無罪，判刑重還是輕，死罪可免的話活罪難逃？

內在審判雖然確實有那麼些審判長、法官的味道，但若說為人定罪，罪指的是什麼？

「自我」代替「本我」做一場生命的旅行，「本我」設定了他想得到的體驗的想像和範疇，並提供「自我」無窮盡的支援和配備，「自我」的責任就是給予「本我」最精彩的生命體會的回饋。

因此，若是「自我」沒有好好進行這個任務，內在審判必須審核「自我」發生了什麼問題，犯了什麼錯誤，造成什麼不可挽救的偏失，以做出修正。

生命習題的審查

有時審判做出的決定會讓「自我」覺得殘酷，難以接受。對「自我」來說，順利、健康、快樂、鴻圖大展的遭遇是好的，打擊、痛苦、傷病等災厄是壞的，但事實上，對「本我」來說這不是賞善罰惡，「自我」做得好，並不是因此就得到喜樂的報償，而是這些就是熱情的創造、突破框架的視野、汲取智慧勇於解決生命挑戰本身的結果。「自我」做得不好，對生命、本身萬事物以及所有的遭遇不抱熱情，盲目無知而堅持把自己束縛在無謂的框架裡，並不是說那麼給「自我」殘酷的遭遇就是「自我」活該，「自我」與「本我」是一體的，「本我」也會與「自我」一起承受這些體驗。

因此內在審判並非殘酷無情，專橫自大，與內在死神相似，內在審判也是盡好他主持審判機制的責任。

報喜天使加百列

在Major Arcana中有三張牌面出現天使形象，一是「戀人」的拉斐爾，一是「節制」的米迦勒，再來就是「審判」的加百列，這三張牌的圖面也呈現了宗教故事中這三位天使的職掌與形象，不過，與傳統宗教故事的詮釋不同，我們可從另一個角度來看到三位天使的作為別有意義。

我們說過了「戀人」牌中亞當和夏娃被逐出伊甸園，拉斐爾在天上慈愛看顧。亞當和夏娃並非「被逐出」，而是象徵「自我」離開「本我」懷抱，以肉身的姿態出發去冒險。但「本我」事實上並未移開他照看的眼光，以拉斐爾的型態予以護持。當「自我」離開「本我」越遠，往物質世界全力奔去，「本我」容許「自我」盡量遠離去闖蕩，但就如母親給孩子自由，卻不放心孩子跑過頭而陷入不可收拾的危險，因此有米迦勒這位力量宏武的天使負責保護管束。

加百列掌管審判，如前述給人感覺冷面無情，但加百列有一報喜天使的名號，因為他是來到馬利亞面前，宣告她將處女懷胎生下神子的佳音。縱使末日審判的宗教故事裡，加百列呼喚死人起來接受賞罰，但這幅圖的重點是加百列吹號角，這號角象徵的是「本我」給「自我」的提醒。

我們確實可視加百列為報喜，「本我」並未擅自蠻橫地讓「自我」陷入恐怖苦境，任由「自我」去掙扎，他會隨時藉加百列給「自我」重要的提示。

探索你內在的審判如何運作

生命是創作不是課業

生命旅行並不是「功課」。雖然過程是許多學習的累積，因此有些宗教把生命經驗視為課業，但這麼一來，當人遭遇痛苦與不幸時，要去解釋這個原因就必須建立一套價值框架，然而絕沒有一個套用在每個生命都適用，把每個生命都同一化的框架，這是極其不合理的。

生命形式變化多端，每個生命體能營造（創造）出來的經歷多采多姿，可說讓這個宇宙目不暇給，這就是人類共同的「本我」想要的，給人類集體的寶物，絕不可能要去製造出全部依循一樣規則的個體。

將生命旅行比作藝術創造是比修行功課更貼切得多的。生命旅行也不是在追求變成盡善盡美的完人、品德的昇華，這些想法都是落入俗世價值的框架。

因此，要把生命中的關卡視為接受「審核」，是否符合「本我」的要求，如果我們知道它的標準，是否也較能理解該如何「通過」呢？

本我為生命創造設定了主題

若生命與其說是課業不如說是藝術創作，那麼審判與其說是考試，不如說類似畫圖的評審。我曾經擔任建築系學生的評圖工作，這種工作真是漫長辛苦，面對每一個學生，都要花很多時間詢問他的出發點為何？創意是什麼？想像與執行的落差為何？幾乎與立法院的質詢很相似，必須毫不留情地質疑創作者是不是真的達到了他預設的創造。

在這樣的評圖中，的確，重點不是作品有多美，還有作者想表達什麼，為何如此做。換言之，是有一個目的，有一個主題的。

一場生命旅程也有設定主題，主題之下有無數小的子題，畢竟沒有出發點、沒有想法的創作是形成不了的。

因此我們得回過頭去想，「本我」設定的主題是什麼。正確的生命態度是充滿熱情和創造欲望，因此什麼事能讓人有這樣的感受，就可能是走在對的主題上。

再強調一次所謂的「創造」並非指創意工作，而是泛指生活、情感、思想、每件事。

回顧過去找出線索

並非變成大藝術家，獲得大的具體成就才算一個很好的創造的生活，高創造性的生命旅程。平庸的生活中也有創造，每天重複日出而作日落而息的單純工作，當中任何一件事也是創造，全視你自己怎麼看待自己生活中的挑戰性，認知它的尋常或不尋常。

「本我」給「自我」進行生命旅程的題目，要靠「自我」去體會，當然，你可以藉助內在人物的智慧，對自己的內在越多深入理解，越能在現實生活有所充分發揮。

回顧過往找出過去的「判決」結果也能有效幫助你找出自己的主題，試著運用內在人物的力量與「本我」的指引，越有意願去嘗試越能得心應手。

請注意內在審判所做出的修正，有時也包括生命旅行的終止。但內在審判並非「掌管」肉體生命的死亡，內在審判審視的是心靈透過物質經驗的創造而轉變和豐富的運作，是否進行得順利。

運用你的內在審判人格增益生活

天堂與地獄

審判的結果，傳統的宗教觀念有上天堂與下地獄之分，所以如果我說在生命歷程中審判的機制一直在運作，也許有人就會聯想到，那些較幸運的人，好比說中了樂透頭彩的，或者升官發財的，是否給判得了「天堂」？

其實對「本我」來說，擁有財富或名利只是另外一種生命體驗罷了，只有「自我」才會認為那是好或壞。「本我」眼中窮或者富就好比畫畫時用紅色或者綠色顏料，只是一種創作的色彩。當然不同的顏色會畫出不同的畫來。

如果想要天堂，別去想那些境遇有多棒、多舒服，想像你在畫畫，你非常渴望得到某些顏色的顏料，那能使你畫出心中那幅令你雀躍激動的畫作。

事實上對甲而言是天堂的境遇，對乙可能是地獄，因此去看別人的境遇，覺得那樣是好或壞，或為何他那樣我這樣，是徹底沒有意義的事。

你的內在審判永遠只針對你的「自我」和「本我」間的相互關係來做決定。

當然，人跟人之間有共生關連，也就是說每個「自我」底下的「本我」之間，也是互通有無的，好比說甲和乙二者的「本我」總是在聯手創造出讓甲和乙相互影響的命運。

生路與死路

很多人的人生經驗有種「鬼擋牆」，會一再循環自己其實很不喜歡的際遇。我們先前談過「魔鬼」，凡是世俗生命經驗，都必定會有束縛、禁錮的階段，畢竟進入物質世界本身就是用框架來展開創造的形式。

可是如果你不喜歡，感到痛苦，那就要思索如何通過「審判」的考核，所有的內在人物都會提供你智慧和力量，去破除一些束縛、禁錮，不過根本上你還是得摸索到「自我」和內在創造經驗的目的。詢問你的內在「審判」，通過「自我」的某些境遇，內在究竟是想得到怎樣的轉化？「自我」本身也需要怎樣的轉化？一定要找到這個答案，才能突破死巷。

說到在死路打轉，除了陷在無奈悲慘的境地，最糟的狀況是「自我」覺得沒有出路，內在也覺得無法再前進，而打算放棄。

如果很多人把生命旅行視為「課業」，那麼就如學生得交出老師規定的作品，雖然創造性也還是存在的，對某些人來說，熱情與喜悅、學習經驗的滿足也是有的，但是大多數時候飽受壓力之苦，感覺負擔沉重，熬夜，身心疲憊，為了把作品做出來，到頭來原先的想法都必須妥協，甚至丟掉，創作變成苦差事、逼不得已，解決困難本是挑戰、樂趣，此時卻變成了痛苦，讓人想逃避。

學生也有權拒絕交作業、如果做不出來，也強迫不了，這時便是放棄。在單一題目上可能放棄，甚至在生命旅程上也可能走到死路。

生命旅程的終止

肉體生命的「生」與「死」，前提立基在心靈世界和物質世界的交流，「生」是把這個交流當作創造的方法，就像選擇某種方式某種素材來畫圖一樣，「死」便是畫完了這張圖。你可能接著去畫另一張圖，或者你改做雕塑等另一個形式的創作。

內在對於生命實現的可能的評估，關係到肉身生命繼續的決定。

內在在物質生命開始前會有約略的藍圖，這就好像你要畫圖總得有個概念你要怎麼畫，畫什麼，就算再怎麼隨興，不知道自己要畫怎樣的東西，根本不可能下筆。越是企圖心高的作品，越需要先有概念，風格是什麼？內容是什麼？想表達什麼？由於人類的生活不是單一行動的，彼此關聯很深，因此生命的創造也是相互糾結的，每個個體的內在相互支援，完成彼此的創造。無論愛恨情仇，都是這樣的產物。

有些人的圖畫得簡單，很快就完成了，有些人的目的只是想幫別人畫幾筆，有些人完成了原本設計好的圖，還想繼續發揮，有些人還沒達成自己原先的設定，就決定放棄。

內在審判做出評估和審核，也可說是「自我」的潛意識與「本我」做出協議，終止生命的旅程，這個終止可能以任何意外的形式發生。

如何藉由內在審判創造命運

內在審判的神性為何？

當人們提到神，很值得玩味的是，即使是再崇尚科學實證主義、理性主義的人，也會對一種終極的至高無上的力量懷有敬畏，換言之，即使是強烈主張無神論者，有時也抱持一種「人在做天在看」的戒慎，就算是那些再大膽狂妄無視良心義理地做出種種惡行的人，夜半也會心驚。這是人受到文化制約的影響，但也可能是連「自我」都隱隱意識到一種神聖的，全知全能全在的力量。其實那便是內在最深處的「本我」。最巨大的「本我」包含了全體所有個別「自我」的深層內在，且不受時間與空間範疇的約束。

因為潛意識裡相信這樣的力量，因此「審判」是最教人敬畏的內在人物。事實上審判做出的裁決有時也最教人心驚。尤其是在肉體健康上會造成強烈衝擊的遭遇，其實都會在先前已有許多線索。

從審判的機制來看，人們總是心存懷疑的，說神殘忍無情地玩弄人類如草芥，或以挑釁之姿說「我不受你的限制！」，這些都是無甚意義的想法。

如果「自我」能以「本我」的眼光來看自己，眼前的生命體驗只是永恆的自己裡面的一個小片段膠片的放映。我的意思是，除了眼前的生命體驗其實是很渺小的，相對於自己的永恆與巨大的一面，它的渺小卻也是很可觀的，對眼前的自己是無比重要的，而「本我」也從未蔑視、忽視。

肉體形式與生命旅程

在這一節想多提一些與生命旅程的肉體形式有關的事，除了方才說到健康，前面也略提了生命的結束。

肉體生命並非在某個時刻「被製造出來」，然後就擺在那兒活動，直到有一天

「不再作用」。肉體生命是每一瞬間「持續地被製造出來」以「保持」他的「活動狀態」。心靈每一瞬間都在製造肉體顯化，相對的也每一瞬間都可能停止這個動作。

當然，「自我」還是以物質世界為他唯一真實的宇宙，因此對「自我」而言，面對「死亡」很難不是一件令人恐懼的事，不只是面對自己的生命結束，還有他人，對我們而言重要、摯愛的人的死亡是不可能不哀慟的事。

我們所摯愛的或重大牽繫著我們的生活的人如果死去，無疑會帶來強大的震撼，持續的影響力，深深動搖很多我們原有的信念。有一些個體的肉身生命死亡的發生，同時會扮演影響其他人生命歷程的角色，可能是推動他人的命運之輪，或同時對許多人發生啟發效果，不一而定。其實這就是我們彼此間心靈創造的協力。我們重要的人或所愛的人（也有可能是憎恨的人）因為他們自身內在的機制，不再參與這一場旅行，但是他們選擇告別的這個動作，改變了還在旅途上的我們某種旅行的方式。

歸零後再創造

人們很好奇某些不可思議地長壽的老人如何能活到如此高齡——看起來他們也沒有在「創造」什麼啊？——很簡單，他們的內在對於持續在每一瞬間於物質世界顯化肉體生命這件事，仍然抱著安然、穩定、自信的態度，就像花朵、路邊的貓，對生命這件事感到無比自然，本該如此。

「審判」審查每個瞬間生的流動的進行（另一面就是死，因此兩者視同一件事），每一刻生被創造出來，也同時意味前一刻的死，因為每一刻都同時創造出屬於那一刻的過去、現在、和未來，當然每一刻等於從一個「歸零」出發。

「審判」另一個重要的含意是「歸零」，這也正十足意味著命運無時無刻不被嶄新創造（而絕非既定的、僵化的、束縛的）。

展開每一瞬過去、現在、未來的全景——完美架構生命的XXI世界

關於世界

「世界」是Major Arcana的最後一張牌，生命旅程的終點，換言之，它與最初的狀態是一致的。我們曾說過生命旅程從非物質界的純粹靈性進入物質界，從最靠近靈性的一端往物質端靠近，再轉往靈性的一端靠攏，像是一個圓形般回到原點。

當然，經過這個旅程，心靈獲取了寶貴的體驗，得到豐碩的成果。

「世界」呈現的是一個圓滿的生命狀態，也暗示了生命開闊的無限。

「世界」雖有結束的意涵，但結束永遠也同時是開始。

世界所呈現的圓滿，不只是在物質世界裡的生命經驗的圓滿，也同時是內在得到豐富的擴展的圓滿，「自我」和「本我」達到完美的融合，經過成功地轉化，成為和諧一體，超越了原本各自的狀態。

在傳統的宗教概念上，會有成佛成神的說法，或是達到神佛的境界，聽起來有點高超、玄密，其實它是生命原本自然的狀態。

「世界」也是一個全景。

人類受限於時間和空間的觀念，只看得見觸目可及的地方，看不到視力範圍以外之處，窮目力也無法感知整個世界，只看得到現在、過去，無法看到未來，因此人類知覺的頂點無法觸及尚未經歷的部分。「世界」是包含了那個部分的全景。

也因此，我們看不到宇宙的那個完滿狀態。然而，我們始終在朝創造那個狀態的路走去。

那是人類集體文明的景觀，不是烏托邦，不是一個最完善的「制度」，而是全宇宙終極的和諧秩序，華美、壯觀、寧靜、自在地永恆運行。

人類以為登上最高的位置是「世界在我手中」，其實最終極的狀態是「世界就是我，我就是世界」。

內在世界所掌管的機制

命運是否既定？

即使今天這樣科學發展驚人的理性時代，宿命論還是很盛行，當人發現無論自己再怎麼用盡心力、用盡方法去面對，還是有太多不可掌控的無奈、不可違抗的境遇，最後只好嘆口氣說盡人事聽天命，越發現憑一己之力能操縱的事物是那麼少，出人意表的事與願違那麼多，越發相信有命中注定。

到底有沒有命運既定？

很多人看我在算牌，就問「準不準」，這問題很滑稽，不準的話這件事何以成立？令人玩味的地方在，沒有命運既定，還有什麼好算？（不是既定的怎麼有可預知的東西？）但是如有命運既定，也還有什麼好算？（都已經被確定了，不能更改又何必算？算了能如何？）

「世界」代表完滿、完整，就是意味事物有一全景，這全幅的景像是已然成立的，架構在它應有的邏輯，森然無懈可擊。

世界是每瞬的全景

但是這「世界」卻不是死的，不是它被寫出來以後便像一具屍體般擺在那。換言之，那並非一張死紙，等著人去履行那些已死的字。

相反的，每一瞬都有一個新的「世界」誕生，一整幅新生的全景。不只是未來可以重寫，過去也是嶄新的。

「世界」是一宏大無任何維度疆域的景致，在它之中又由無可計數的「世界」運行、組成。每幅全景有其完美的秩序，換言之，就是「既定」，好比說，人出生，成長，衰老，死亡，就是完整的全景。

但是在這底下，每個階段人都可以以自己的意志進行創造。

自我能以意志創造世界

「本我」替「自我」——他進到物質世界的替身，肉體生命的形式，設計了全景，也就是「世界」，世界既是被完美的秩序所寫好的，它也每時每刻嶄新誕生，生命像是宇宙，其中無數的「世界」每瞬都在運行，每瞬都創造了一幅全景。

「本我」替「自我」做了預先的設定，但是他也給了「自我」充分創造每一瞬新的「世界」權力，換言之，「自我」與內在人物協力，每刻都決定了從這一瞬延伸出去的全景。

也就是說，命運既是既定的，也是可變的，如果你能理解你每刻都在製造一個「世界」。

世界人格的形象與特質

世界是最自然的狀態

「世界」人格全景的眼光並不一定以全知睿智的型態表現。「世界」也非超凡入聖的狀態。「世界」雖代表完滿，但「世界」人格並不是一種「高越」。雖然有些宗教會將「世界」的狀態描摹成大智大慧的超脫，人神一體的光輝狀態，但事實上就跟我們曾說過的，一朵花、一朵雲、路邊的一隻貓，所有最自然不過的狀態就是如此。

一株植物不會去想自己屬不屬於會開花的品種，也不會擔憂自己何時開花，縱使久旱它可能會枯死，但是它很明白（雖然不是人類所想的那種「明白」）大自然遵循著自身法則的運作，既不會因為乾枯的可能而焦慮，也不會因為大雨來了萬分慶幸，每一刻它只單純地自在於它當下的顯化。

回到原點的純粹

人類的生命方式雖然不同，因為人類生命包含了複雜的冒險成分，這使得人類的生命旅程更絢麗，可能性更澎湃爆炸地豐盛，因此人類會有型態單純的生命體沒有的苦樂和執著，但其實這沒有高低的差別，而人類在這樣的生命型態下，依舊可以向內在尋找這份自然的安然來平衡自己。

我們在之前提過「太陽」人格是一種成熟的人格狀態，「世界」人格較「太陽」

更完滿圓融，但正如「太陽」有新生兒的意涵，「世界」更回到生命初始原點，更加單純、純粹。

找回生命內在的本質

從「太陽」人格身上可以看到經驗累積的智慧，因生命歷練而造成的一種自信，在「世界」人格的身上這種經驗痕跡已變得不重要了，他的喜悅自信更自然，就像天生擁有的。

我們可以在一些宗教的宗師身上看到「世界」的人格特質，他們並不自覺或顯現自身有什麼「高度」，也不讓人感覺這「高度」從何而來，你不覺得他們是「掙脫」了什麼而不再困擾，他們的確只呈現生命的內在本質，而另外一位未受過高度教育，可能生命經驗也很簡單的老人身上，有時也有一樣的特質。

探索你內在的世界如何運作

何謂圓滿？

每一刻的生命創造（你也可以把它視為每一刻的「命運」創造）都包含一個結構嚴謹的全景，這個全景建立在所有最最微小的細節都依照著沒有第二種可能的極致秩序環環相扣架構起來，從此刻通往無限的過去與無限的未來。

因此此一結構是「圓滿」的。這個圓滿與我們平常所說的「圓滿」不太一樣。我們定義的「圓滿」指的是順利、符合期待、皆大歡喜，是我們喜歡的、想要的、覺得「好」的。但「本我」並沒有這種人為世俗的概念。就好比有些花比較紅，有些花是粉紅，人類覺得紅色的比較好看，開得較大的好看，花自己並不會這樣覺得。也許較紅的花更能吸引蜂蝶，毛色較光澤的動物能得到較佳的交配機會，但那都是人心中所想的「好」，動物自己只是依循牠們的本能自然地生活，在它們的生命期間裡，充分地過每一天。

因此，我們要先明白這個「圓滿」與我們的「期待」是不一樣的，而必須去理解，「世界」並不會依照你的要求去運行，但是你的意志會發動每一刻「世界」的展開，內在「世界」人格會在你最真實的信念架構下，遵循那當中最複雜的邏輯組成，製造出每一刻的「世界」形貌。

每個課題都是世界的型態

我們在前一章「審判」提到除了整個生命旅程，也有單一課題的「審判」，而以每個課題為單位，也有「世界」的形貌。

我們曾說「本我」會設定一些主題給「自我」，一個課題可能是全面性的，也可能階段性地落在某事件上，通常也會同時橫跨好幾個事件，這些除了是「本我」希望「自我」通過其學習成長的，也是「本我」自己想藉由「自我」的經歷來體驗的。

這個經歷發展了一個完好的結構，建立了「自我」和「本我」某種程度的成長改變，「自我」和「本我」取得一致的共識，已達「劃下完美句點」的狀態，它就是一個「世界」的面貌。

世界的展開和完成

因為「世界」的圓滿以人類的思考結構來說，有「結束」意味（對「本我」而言其實無開始和結束。「時間」、「順序」其實也只對「自我」有意義，對「本我」沒有。）對「自我」而言每一單位的「世界」達成，是一「圓滿」的完成狀態，會開啟另一個階段，也許與前一階段有直接關連，也許沒有，但它是由前一階段帶領到下一階段的。（未必是前一「事件」帶領到下一「事件」，而是指前一「事件」引發的「自我」和「本我」的新結構）。

但「圓滿結束」不等於「happy ending」，它只表示這個課題被充分開展和完成，也有可能它是一個不快樂的、困苦難受的經歷。

有時候這樣一個「段落」很巨大，包含很多衝擊性的內容，但也可能很微小，小到只是一天當中很短暫時間裡發生的瑣事。

有時「世界」狀態的感受是一瞬間的，很多人曾有過這樣的知覺，某一瞬因為一件微小的事讓自己突然有豁然、自在、通達而舒暢感覺。

運用你內在的世界增益生活

重點非完成而是整體過程

每個小的「世界」的達成都非常美好、可貴，縱使它未必是符合「自我」期待的那種「美好、可貴」，但凡是達成「世界」，都是「自我」非常精彩的一場演出。

這就好比我們聽過很多王子公主的童話故事，固然最後結局都是王子和公主結婚，從此過著幸福快樂的生活，沒錯，這個收場頗不會讓小孩子失望，沒人想聽到結局是王子給龍吃掉，或者和公主感情破裂，但事實上，千篇一律的結局完全不是故事的重點，也不是故事的精彩處，童話故事的吸引人是過程，是故事的內容，是這個故事跟那個故事不同的地方，而不是相同的結局。

所以，「圓滿結束」意味著的是「圓滿地完成」，是整個過程豐富精彩，而且就像個童話故事一般，藉由這個過程說出了什麼，啟發了什麼。

從想要的結果倒推

然而，畢竟我們還是用很人界的眼光和感受、知覺在過現實的生活，總還是期盼我們自己定義的那種「美好、圓滿」的達成。

問題是，假使「自我」只知道他對某事有美好結果的期待，卻不清楚那具體是什麼樣子。那麼，如何讓事情能朝向「世界」的狀態走呢？

你可以試試看用「世界」的眼光來看事情。也就是說，倒過來，本來「世界」是一個「完成」的狀態，先是過程，然後才是結束，但我們先假想「世界」的狀態，然後倒著推回來過程應該是什麼。

這一章開頭我提過「世界」是一個「全景」，「世界」同時包含了過去、現在未來，其實每個瞬間都有一個「世界」，內在每個瞬間都在創造出一個「世界」，換言之，每個瞬間其實已經包含了它「結果」的形象。

在「魔鬼」的狀態中，如果我們只看著眼前的一個點，我們別的什麼也看不到。同樣的，如果我們只看著未來，也就是說，只想著結果最好是什麼，我們也看不到眼前。

事實上，眼前就是結果，每一瞬都有一個結果。

關鍵在每個當下

整個生命狀態的「世界」，是生命歷程每個每個階段的累積，是因為有這些生命經驗，生出了「世界」，而生命歷程裡每個階段又是由這個階段裡的事件的經驗，造就這個階段的成果，再一一解剖下去，「世界」無限小也無限大。

當你對「事情的結果」充滿不安，或者不知道自己想要怎樣的「事情的結果」，練習轉換成「世界」的眼光，想像「全景」是什麼，可能有很多角度你想像不到，但盡量運用想像力，再離譜也沒關係。當想像自己與「世界」人格一致時，得失的界線其實是不存在的，如果在裡面和在外面都是一樣的，那麼並沒有什麼是你的或不是你的。

運用「全景」練習的想像，能讓你創造出更豐富的「過程」，作你原先沒想過的嘗試，也能「改變」「原有的結果」，其實這就是「活在當下」的方法。

藉由內在世界來創造命運

占卜出的未來也能改變

我其實不太隨便幫人算牌，說老實話抱著「占卜」的心態的人，我也不會花時間去解釋我對「占卜」這件事不只興趣不大，基本上我覺得「占卜」根本沒什麼意義可言。我總希望花多一點時間，幫助當事人以較現在更高更寬的視野去理解、認知自己的生命狀態。若有更多機會，則可進一步去瞭解自己和周圍有緊密關係的人的生命狀態是如何影響。

換言之，在我看來，這筆生意是否會談成、升職有沒有希望、對象有沒有偷吃，都只是此刻生命狀態裡面的一個小環節，只看這個環節，只解決這個問題，只關照這件事，完全就像面對大象只抓著象尾巴。作為牌師卻指著象說他是根繩子，豈非無聊至極？

占卜之所以能成立，並非「命中注定」，其原理就是每一瞬「世界」就從這一瞬展開，因此我們能透過這一刻窺見「世界」的全貌。

我承認，下一刻「世界」會有一個新的全貌，因此每一刻占卜的未來都有可能改變。

瞭解生命狀態比解決局部問題重要

每一刻的「世界」都包括從這一刻衍伸出的過去、現在和未來，因為這一刻能誕生的未來與這一刻是一瞬同體的，所以它能被預測，前提是我們把這一刻視為永恆。

由於人的內在狀態、內在體系的架構是很嚴實的，並不容易動搖，所以占卜的預測才有一個程度的穩定性，但它完全有改變餘地。

如果你不喜歡現在這一刻創造出的未來，你可以造一個新的，有不同未來的「世界」。

這就是我為何花一整本書的篇幅來說明內在結構是什麼，如何運作。首先，瞭解你自己內在的架構，就能推導出你的「世界」，也才能掌握未來、決定未來。

這是我說指出一個人的生命狀態的重要遠勝於解決眼前這個局部的問題的原因。眼前這個問題發展會如何，結果會如何，不可能是一個簡單的、死的、僵的答案，它一定也是內在發出的訊息，與修正、調和「自我」的路線有關。

而以趨吉避凶的心態來解決問題，其實沒有意義，你必須面對內在真正的問題，否則它只會以別的姿態再度出現。

世界的理想境界

命運本來就是自己創造的，就好像每件事都是我們自己所做的，不是憑空跑出來的，如果你不去洗碗，不要指望碗自己都乾淨了。

我們談了自己期待的是什麼，欲望是什麼，希望事情的走向如何，能展現自身怎樣的狀態，能得到什麼，改變什麼，完成什麼，簡單地說，我們一直在談如何要什麼有什麼，想怎樣就怎樣。

之前我們談過「太陽」的狀態，「太陽」已經能使人雍容自在當自己命運的主宰了，那麼「世界」豈不更不得了？

「世界」是最完美的生命狀態，是最出入化境的狀態，我們談過內在魔術師，「世界」大致就等於「自我」本身成了「魔術師」！這聽起來實在太不可思議了，好像達到「世界」的狀態成了能飛簷走壁、點石成金的高人……我們聽過這種神祕的傳說，也許那也不是那麼不可能。

但是，真的在「世界」的狀態，已不會有「我真想怎樣，能實現就好了」的想法，隨心所欲是一種理想的狀態，但「世界」更美好，是無憂地活在當下。「世界」的狀態是自然地知道該做什麼，也無須去想怎麼辦、會怎樣、不會怎樣，自然地知道自己做的就是最恰當的，不會懷疑這樣可以嗎、那樣適合嗎，因為每一瞬都感到適切安然，根本無所謂結果該是什麼、會變成怎樣，不必去想「欲」什麼，因為本來就有的東西無須去「欲」，換言之，在你要什麼時，那早已發生，你就不會想你要什麼。

在達到「世界」以前，人會想「掌握世界」，但達到「世界」的狀態就會明白，沒什麼「世界在手中」這回事，你是世界的一部份，你已與世界不分彼此，何來想要得到世界的什麼。

後記

我想藉這本書提供給讀者什麼，一種介乎心理學和神祕學概念？一種哲學或者勵志的用途？這是一本實質有用的書嗎？……什麼叫做實質有用？

我很介意實質有用，我不喜歡唱高調，如果談靈魂或者談心靈，我崇尚那當中許多極其高貴、美好的部分，可是我的出發點很實際，我們是在過肉體的、物質世界、現實的世俗生活，我想活得更淋漓盡致，但我不想用無窮盡的受苦來交換。如果活，應該歌頌活這件事；如果覺得人生不值得活的，就唱反調，哪怕把這世的規則翻了過來又怎樣？如果你那麼痛苦，真的連死都不怕了，又何懼這個世界該死的拘束你的東西？

我記得為了「生命的意義」這件事曾跟對哲學非常有興趣的朋友爭辯，我買了一本哲學辭典，這是我覺得最有意思的一本書，雖然是本辭典，可是裡面包容了古往今來所有人們曾經對於這個世界任何有生命或無生命、任何具體或抽象的事物、行為、觀念、秩序或無秩序所做的觀察和思考所做的推演邏輯。我從來就深深相信，不管是誰，任何一個管他是怎樣的智能、怎樣的身份、怎樣的個性的人，都思考過活著這件事的意義。

完全不相信生命有意義若結果就因這空虛而死，那其實承認了他認為生命應該有意義，如果自以為抱著相信生命是虛無而繼續活著，其實活著本身已經在證明意義的追尋。

我只想說，所有形上的想法，都只不過是為了具體地活著這件事。

大多數人的確在照著既定的命運在走，這當中人的自主性看起來是很高的，但其實絕不會脫出框架，就好像楚門如果沒有懷疑心，如果他不做出闖到臨界上的嘗試，他根本就不知道自己生活在布景裡面，他不知道自己的世界是一口井，外面還有一個世界。

命運跟這種情境非常相像，絕大多數的人都不知道自己活在一口井裡，你如果完全不知道真相，就不可能跑到井外，因為井外面對你而言是不存在的。

我可以永遠不厭其煩地強調，只有瞭解自己，更深入更全面地瞭解自己，學著描繪出自己信念體系的架構，才有辦法去掌握命運，去破解外在遭遇的原因。我算牌的經驗全都應證這個想法，沒有一件事不出於內在的理由，所有重大的、微小的、生理性的、物理性的、人事的、自然的、痛苦的、錯愕的、尷尬的、荒謬的……事件、機遇，都會有一個指向，都不是偶然。

找出原因，重新建構，這是唯一操縱命運的方法。

總結說來，兩件重要的事，高度的警覺性，以及耐性。學習時刻去辨識遭遇的人事物所代表的意義。改變框架，重整內部系統不可能在很短的時間做到，幾乎沒有人能根本的改變自己，只能學著成長、調整，你可以選擇，但先問你自己你想要什麼。

領悟你能如何操縱自己的命運，是非常令人滿足的事，而領悟跟能夠實際去做，又是兩件事，它真的很不容易，但可能性的確存在。

最後，這本書並非用來學習塔羅牌占卜的工具，你不能藉由這本書的內容學會算牌。已經懂得算牌技巧的人可以藉由這本書增加你對牌意的領悟，但這不是一本解釋牌意的書。如果想要學習用塔羅牌占卜，請盡量多閱讀不同的解說牌意的書籍，不同的占卜師對牌意的解釋不同，因此每本書的牌意說明也一定會有不一樣，我認為要成為好占卜師必須有自己通過大量經驗建立的屬於個人獨特的體悟。

解牌是非常精微、繁複、高妙的技巧，簡化的牌意說明與解牌技法說明都是不可取的。

心靈工坊 PsyGarden

Holistic 057

神之手──
認識你內在的二十二種神祕人格

作者─成英姝

出版者─心靈工坊文化事業股份有限公司
發行人─王浩威
總編輯─徐嘉俊　執行編輯─黃心宜
內文設計、排版─董子瑈
通訊地址─10684台北市大安區信義路四段53巷8號2樓
郵政劃撥─19546215　戶名─心靈工坊文化事業股份有限公司
電話─02）2702-9186　傳真─02）2702-9286
Email─service@psygarden.com.tw　網址─www.psygarden.com.tw

製版．印刷─彩峰造藝印像股份有限公司
總經銷─大和書報圖書股份有限公司
電話─02）8990-2588　傳真─02）2290-1658
通訊地址─248台北縣五股工業區五工五路二號
初版一刷─2010年11月　初版九刷─2023年5月
ISBN─978-986-6782-91-6　定價─350元
圖片引用自：Universal Waite Tarot Deck，Drawings by PAMELA COLMAN SMITH
Recolored by MARY HANSON-ROBERTS

國家圖書館出版品預行編目資料

神之手：認識你內在的二十二種神祕人格
成英姝／著.
-- 初版. -- 台北市：心靈工坊文化，2010.11　面；公分. --（Holistic；057）

ISBN 978-986-6782-91-6（平裝）　1.占卜

292.96　99016970

心靈工坊 PsyGarden 書香家族 讀友卡

感謝您購買心靈工坊的叢書，爲了加強對您的服務，請您詳填本卡，
直接投入郵筒（免貼郵票）或傳眞，我們會珍視您的意見，
並提供您最新的活動訊息，共同以書會友，追求身心靈的創意與成長。

書系編號—HO057　書名—神之手—認識你內在的二十二種神祕人格

姓名　是否已加入書香家族？□是 □現在加入

電話 (O)　(H)　手機

E-mail　生日　年　月　日

地址 □□□

服務機構　職稱

您的性別—□1.女 □2.男 □3.其他

婚姻狀況—□1.未婚 □2.已婚 □3.離婚 □4.不婚 □5.同志 □6.喪偶 □7.分居

請問您如何得知這本書？

□1.書店 □2.報章雜誌 □3.廣播電視 □4.親友推介 □5.心靈工坊書訊
□6.廣告DM □7.心靈工坊網站 □8.其他網路媒體 □9.其他

您購買本書的方式？

□1.書店 □2.劃撥郵購 □3.團體訂購 □4.網路訂購 □5.其他

您對本書的意見？

□ 封面設計　1.須再改進 2.尚可 3.滿意 4.非常滿意
□ 版面編排　1.須再改進 2.尚可 3.滿意 4.非常滿意
□ 內容　1.須再改進 2.尚可 3.滿意 4.非常滿意
□ 文筆／翻譯　1.須再改進 2.尚可 3.滿意 4.非常滿意
□ 價格　1.須再改進 2.尚可 3.滿意 4.非常滿意

您對我們有何建議？

▲您的意見，我們將轉貼在心靈工坊網站上，www.psygarden.com.tw

廣　告　回　信
台北郵政登記證
台北廣字第1143號
免　貼　郵　票

心靈工坊 PsyGarden

10684台北市信義路四段53巷8號2樓

讀者服務組　收

免　貼　郵　票

（對折線）

加入心靈工坊書香家族會員
共享知識的盛宴，成長的喜悅

請寄回這張回函卡（免貼郵票），
您就成爲心靈工坊的書香家族會員，您將可以——

⊙隨時收到新書出版和活動訊息

⊙獲得各項回饋和優惠方案